Entblättert

Große Namen und ihre Liebesabenteuer

Christian Hill • Barbara Kösling

mit Illustrationen von Luise Bussert

Bibliografische Information der Deutschen Nationalbibliothek
Die deutsche Nationalbibliothek verzeichnet diese Publikation in der Deutschen Nationalbibliographie;
detaillierte bibliographische Daten sind im Internet über http://dnb.d-nb.de abrufbar.

Für meine Enkelkinder Max,
Liesbeth, Frieda und Lena.
Barbara Kösling

All jenen gewidmet, die ich liebte,
liebe und lieben werde.
Christian Hill

Ik hou van jou, Gijs.

Erste Auflage 2017
© by Verlag Bussert & Stadeler
www.bussert-stadeler.de
Satz, Layout und Covergestaltung: Kreativagentur DIESEDREI | Luise Bussert
ISBN: 978-3-942115-90-2

Ein Jüngling liebt ein Mädchen

Ein Jüngling liebt ein Mädchen,
Die hat einen andern erwählt;
Der andre liebt eine andre,
Und hat sich mit dieser vermählt.

Das Mädchen heiratet aus Ärger
Den ersten besten Mann,
Der ihr in den Weg gelaufen;
Der Jüngling ist übel dran.

Es ist eine alte Geschichte,
Doch bleibt sie immer neu;
Und wem sie just passieret,
Dem bricht das Herz entzwei.

Heinrich Heine

Zwischen

Himmel

und Erde

Elisabeth
von Thüringen

Voll christlicher Nächstenliebe widmete sie ihr kurzes Leben den Armen und Schwachen.
Auf Erden bekam Gott nur Konkurrenz von ihrer größten Liebe, dem Thüringer Landgrafen.

Eine schwere Hungersnot plagte 1226 das Thüringer Land. So wie das Herz Elisabeths den Bedürftigen offen stand, so mussten die landgräflichen Kornspeicher geöffnet werden, um der Not Einhalt zu gebieten. Ihr Gemahl, der Thüringer Landgraf Ludwig IV., hielt sich fern der Heimat auf und hatte bei seiner Abreise das Wohl des Landes vertrauensvoll in die Hände seiner Frau gelegt.

Eine Legende erzählt, dass er völlig unerwartet zurückkehrte und Elisabeth in den Wäldern nahe der Wartburg antraf. Sie war gerade im Begriff, Brot nach Eisenach zu tragen. Trotz großer Wiedersehensfreude verlangte er streng, den Inhalt des Korbes zu sehen. Elisabeth antwortete wahrheitsgemäß auf seine Frage und schlug das Tuch zurück. Doch statt der Brote lagen Rosen darin. Mit einem leisen Lächeln fügte sie hinzu: „Gott will gewiss, dass Du mir nicht zürnst!" – „Er wollte mir zeigen, was Du wirklich schenkst. Blühende Liebe ist wahrlich mehr als Brot. Ziehe in Gottes Namen Deines Weges!" entgegnete Ludwig und verneigte sich tief. Auf seinem Ritt zur Burg dachte er noch: „Wahrlich, eine Heilige und christliche Landesmutter zugleich."

Der Chronist Dietrich von Apolda berichtet, Elisabeth sei 1207 als ungarische Königstochter geboren und „nicht viel später – bis dahin noch an der Brust saugend – auf den Wink Gottes hin verlobt worden." So kam sie bereits als Vierjährige mit reicher Aussteuer an den Hof des mächtigen Thüringer Landgrafengeschlechts. Diese nicht ungewöhnliche Verbindung im Kindesalter sollte sich als Glücksfall erweisen. Dietrich von Apolda erzählt weiter, sie sei nach der Ankunft ihrem jugendlichen Bräutigam ins Bett gelegt worden, um die künftige Hochzeit symbolisch bekanntzugeben. Fortan wuchsen Elisabeth und der nur sieben Jahre ältere Sohn des Landgrafen wie Geschwister auf. Während Ludwig eine ritterliche Ausbildung erfuhr, befand sich Elisabeth in der Obhut der

„Ich sehe einen Stern, der leuchtet ...
Sie wird Elisabeth heißen und heilig werden ...
und ihre Heiligkeit wird das ganze Land erhöhen."
Prophezeihung des Magiers Meister Klingsor

Hofdamen. Besondere Freude bereiteten ihr Hüpf- und Fangspiele, wobei sie jede Gelegenheit nutzte, an einer Kapelle ein Gebet zu sprechen. Ihre ersten Küsse sollen der kalten Außenwand des Kirchleins gegolten haben. Daneben umfasste die Erziehung den Kanon christlicher Werte und höfischer Tugenden, wozu Schamhaftigkeit, Demut und Verschwiegenheit zählten. Nach dem Tod des Landgrafen Hermann und seines gleichnamigen ältesten Sohnes krönte man Ludwig 1217 zum neuen Regenten über die reichen Ländereien. Außerdem erfuhr er die Weihen eines Ritters und schwor, Gott und der Gerechtigkeit zu dienen. Wie es der Minnesänger Wolfram von Eschenbach in seinem Versroman „Parzival" beschreibt, gehörte zu den Pflichten des eisernen Ehrenmannes auch der Dienst an den Frauen: „Der Ritter soll den Frauen geneigt sein, sie nie wankelmütig betrügen, denn Mann und Frau gehören zusammen wie Sonne und Tag."

Im Jahr 1221 fand die Heirat Ludwigs mit Elisabeth statt. Was als politisch arrangierte Ehe begonnen hatte, der ein geschwisterliches Heranwachsen gefolgt war, mündete nun in eine Heirat aus Liebe. Zahlreiche Zeugnisse erzählen von dieser glücklichen Verbindung voller Vertrauen und Zuneigung. Als vorderstes Gebot galt beiden, den Fortbestand der Herrschaft durch Kinder zu sichern. Die Kirche reglementierte zwar streng die Zeiten für den ehelichen Beischlaf und beschränkte diesen auf rund dreißig Wochen im Jahr, doch laut Geburtsdaten der drei Kinder schien sich das Paar an die kirchlichen Vorgaben gehalten zu haben. Gleich die erste Geburt 1222 brachte den erhofften Thronfolger. Trotz der Schwangerschaften nahm Elisabeth es immer wieder auf sich, ihren Mann bei langen und gefahrvollen Reisen zu begleiten, was als Beweis für eine enge und liebevolle Verbindung anzusehen ist. Eine ihrer engsten Vertrauten, Isentrud von Hörselgau, berichtete: „Sie liebten sich in wunder-

barer Weise und forderten sich gegenseitig zum Lob Gottes auf und bestärkten sich zu seinem Dienst." Auch in ihrer Ehe zeigte sich Elisabeths strenge Frömmigkeit. Oft betete das Paar in inniger Zweisamkeit Hand in Hand. Manchmal verließ sie mit liebevoller Duldung ihres Mannes das nächtliche Ehelager, um die selbst auferlegten Gebetszeiten einzuhalten. Hierfür weckten die Kammerzofen ihre Herrin, indem sie sanft an ihrem Fuß zogen. Isentrud überliefert die Episode, dass sie aus Versehen einmal den falschen Fuß erwischte, weil der Landesherr sein Bein „in ihren Teil des Bettes gestreckt" hatte. Wegen der Länge des Gebets und um ihren Mann nicht zu wecken, schlief Elisabeth oft vor dem Bett auf einem Teppich. „Als sie deswegen von den Mägden gefragt wurde, warum sie nicht mit ihrem Mann schlafe, erwiderte sie: ‚Wenn ich auch nicht immer beten kann, so möchte ich doch meinem Fleisch Gewalt antun, dass ich mich von meinem heißgeliebten Mann losreiße.'"

Aufgrund der streng christlichen Lebensweise und barmherzigen Mildtätigkeit seiner Frau musste der Landgraf sie immer wieder vor der eigenen Familie in Schutz nehmen, die ihr Handeln missbilligte. Auch das 1226 abgelegte Gelübde, keusch und unverheiratet zu bleiben, falls Ludwig vor ihr sterben würde, kam nicht von ungefähr, da er Papst und Kaiser seine Bereitschaft zum Kreuzzug zugesichert hatte. So lange es ging, verheimlichte Ludwig die ungewisse Zukunft und versteckte das Zeichen des Kreuzes, das eigentlich sichtbar an der Kleidung zu tragen war, vor seiner Frau. Doch Elisabeth fand es, erkannte die drohenden Tatsachen und fiel ohnmächtig zu Boden. Bereits 1227 traf das mächtige Heer die Vorkehrungen zum Krieg. Eine kleine Strecke reiste die schwangere Elisabeth mit den Kreuzfahrern noch mit, dann begab sie sich unter Tränen auf den Rückweg, um ihren Pflichten als Regentin und Mutter nachzukommen. Es folgten Monate voller Hoffnung auf die glückliche Rückkehr ihres Mannes und den Vater ihrer Kinder. Doch vergebens, bereits Ende Oktober erhielt sie die Nachricht von seinem Tod in der italienischen Hafenstadt Otranto, wo ein grassierendes Fieber zahlreiche Opfer gefordert hatte. Augenzeugen berichten, dass Elisabeth unter der Trauer zusammenbrach und in ihrer Verzweiflung rief: „Tot? Erstorben ist mir die Welt und all ihr Glanz."

Ohne den Schutz ihres geliebten Mannes war sie nun den Intrigen und Repressalien der Familie, insbesondere ihres Schwagers ausgesetzt. Es kam zum handfesten Streit mit den Verwandten, als sie die Einkünfte aus ihrem Witwengut an die Armen verteilen wollte. Demonstrativ verließ sie die Wartburg, übernachtete in einem Schweinestall und sorgte sich um den Schutz ihrer Kinder. Ohne die tiefe Liebe und das Vertrauen zu Gott hätte sie diese schwerste Zeit ihres Lebens nicht überstanden.

Erst 1228 konnte sie sich von ihrer weltlichen Liebe verabschieden, als die Kreuzfahrer Ludwigs sterbliche Überreste in zwei kleinen Schreinen nach Bamberg brachten. Beim ihrem Anblick ging ihr Blick gen Himmel und sie sagte: „Herr, ich danke dir, dass du mir mit den so sehr ersehnten Gebeinen meines Gatten barmherzig zum Tröster geworden bist. Du weißt: so sehr ich ihn auch liebte, ich will ihn, den Geliebtesten, dir nicht neiden. [...]

Elisabeth-Kemenate auf der Wartburg

Könnte ich ihn wieder haben, so wollte ich ihn gegen die ganze Welt eintauschen, selbst wenn ich mit ihm betteln gehen müsste.“ Die Beisetzung erfolgte im Hauskloster der Ludowinger in Reinhardsbrunn.

Auf Vermittlung ihres Beichtvaters Konrad von Marburg konnte sie sich schließlich gütlich mit der Familie ihres Mannes einigen. Elisabeth wurde mit einer größeren Geldsumme und einem Grundstück in Hessen entschädigt. Dieser asketische Geistliche und fanatische Kreuzzugsprediger Konrad war es übrigens gewesen, der sie mit aller Strenge zum Glauben gepeitscht und teils mit brutaler Härte gezüchtigt hatte. Ein religiöser Keil zwischen ihr und den Mitmenschen, der letzte weltliche Freuden raubte, und ein Teufel in Menschengestalt, dem sich Elisabeth unterwarf und der ihren weiteren Lebenslauf mitbestimmte. Von dem kleinen Vermögen finanzierte sie den Bau eines Hospitals in Marburg und widmete sich fortan der Armen- und Krankenfürsorge.

Der Papst höchstpersönlich ermunterte sie, den neuen Lebensabschnitt mit Tatkraft zu beschreiten, den Weg zu Gott, ihrem neuen „Bräutigam“ zu gehen: „Auf also, Tochter, eile, deinem Bräutigam zu folgen, wohin er geht, bis er dich in das Schlafgemach seines Hauses führt!“

Die barmherzige Hingabe im Krankenhaus forderte das größte Opfer, Elisabeth selbst. Sie verstarb mit nur 24 Jahren am 17. November 1231. Ob an Auszehrung oder einer Infektionskrankheit, bleibt ungeklärt. Schon zu Lebzeiten aufgrund ihrer christlichen Nächstenliebe als Engel in Menschengestalt gepriesen, mehrten sich nach ihrem Tod die Wunder und Legenden, die bereits vier Jahre später zu ihrer Heiligsprechung führten. Eine selbstlose Frau hatte das zerbrechliche irdische Glück kennengelernt und verloren, doch in ihrem Glauben an Gott grenzenloses Glück gefunden.

Katharina von Bora

Als adelige Nonne widmete sie ihre Liebe Gott. Nachdem die Flucht aus dem Kloster gewagt war, stand der irdischen Suche nach Liebe nichts mehr im Wege.

Dunkel lag die Zukunft vor ihr und roch nach Fisch. Zwischen Heringsfässern eingeklemmt, umringt von weiteren Mitschwestern führte sie jede weitere holprige Radumdrehung des Planwagens von ihrem bisherigen Leben als Nonne im Kloster Nimbschen bei Grimma fort. Der Blick zurück war schmerzhaft. Bereits als Zehnjährige schien ihr weiteres Schicksal besiegelt, da die adelige Familie von Bora dem Mädchen ein Leben hinter Klostermauern als Gottesbraut zugedacht hatte. Zwar erhielt sie dort das Privileg, Lesen, Schreiben und Latein zu erlernen, aber im Vordergrund stand das dreiteilige Gelübde zu Armut, Demut und Keuschheit.

Die kritischen Schriften des Reformators Martin Luther, auf welchem Wege auch immer sie in das Kloster gelangt sein mögen, trafen Herz und Verstand der Nonnen. Seine Lehren brachen mit den Vorstellungen der Klosterwelt: In festem Vertrauen auf Gottes Gnade und den inneren Frieden konnte auch ein frommes, pflichttreues Leben außerhalb der Klostermauern geführt werden. Gedanken zu einer lebensgefährlichen Flucht kamen auf, die Ostern 1523 mit mit Hilfe des Torgauer Ratsherrn Leonhard Köppe glücklich gelang. Er brachte seine „kostbare Fracht" direkt in die Residenzstadt Wittenberg. Langgestreckt am rechten Ufer der Elbe tat diese sich vor ihnen auf: Im Westen lag das kurfürstliche Schloss, dahinter die Kirche, an deren Tür Martin Luther vor gut fünf Jahren zornig und mutig seine revolutionären Thesen angeschlagen hatte. Hammerschläge, die damals in der ganzen christlichen Welt widerhallten.

Der Weg zu ihrer Familie blieb Katharina versagt, für eine Flucht nach vorn hatte sie als einzige Möglichkeit nur eine Heirat. Martin Luther nahm sich der Problematik höchstpersönlich an und rechtfertige die Flucht kurzentschlossen in seiner Schrift „Ursache und Antwort, dass Jungfrauen Klöster verlassen mögen". Darin veröffentlichte er zugleich eine Namensliste der Nonnen. Man hätte sie auch als getarnte Heiratsanzeige bezeichnen können, denn für die größtenteils jungen, adeligen, aber mittellosen Nonnen fanden sich schnell ehrenwerte Männer. Festen Schrittes ging Katharina den Weg in ihr neues weltliches Leben, wusste zu beeindrucken und zeigte bereits in der Wahl des Gatten Entschlossenheit. Der Nürnberger Patriziersohn Hieronymus Baumgärtner war ihr zugetan. Vor der katholischen Gegnerschaft blieb ihr offenes Werben nicht ungestraft, die jenes als teuflisches Reizen anprangerte, welche männliche Gelüste entfache, und sie wie eine „Hure von der Straße" offen kokettieren lasse. Ausgehend von der Schöpfungsgeschichte redete Luther dagegen, dass Sexualität eine göttliche Gabe sei, allein aus der Tatsache der Existenz der Geschlechtsorgane.

Katharinas Selbstbewusstsein stand darüber und sie erwiderte die erste Liebe stürmisch. Baumgärtner, von Verpflichtungen getrieben, reiste mit dem Versprechen ab wiederzukommen. Doch Monate verstrichen ohne ein Lebenszeichen von ihm. Aus den Augen, aus dem Sinn? Wahrscheinlicher ist, dass Baumgärtners Familie dieser Beziehung mit einer entlaufenen Nonne im Wege stand. Bittere Süße erster Liebe! Da es kein bindendes Verlöbnis gegeben hatte, stand einer neuen Suche nichts im Wege. Der nächste Bewerber war Kaspar Glatz, Rektor der Wittenberger Universität. Luther unterstützte das Werben seines Kollegen. Doch das Herz Käthes blieb verschlossen. Der Theologe Nikolaus von Amsdorf sollte vermitteln, dem die resolute Nonne erklärte: Würde er selbst oder Luther sie zur Gattin nehmen, so wolle sie sich nicht verweigern! Ob es das Mitleid des Reformators war, als er die verfahrene Situation einmal resümierte? „Gottes Wille war es, dass ich mich der Verlassenen erbarmte. Und ist mir, Gott Lob, aufs glücklichste geraten, denn ich habe ein fromm getreu Weib."

Aber was sollten die Wittenberger Gesellschaft und erst seine Kritiker sagen, die unverhohlen den Glauben vertraten, dass aus der Ehe eines ehemaligen Mönchs und einer entlaufenen Nonne nur der Antichrist hervorgehen könne? Luthers Schritt zur Ehe geschah nicht aus Leidenschaft, sondern war eine Geburt aus reiflicher Überlegung und schweren seelischen Kämpfen. Er musste und wollte ein eigenes Beispiel für seine Lehren und Schriften geben. Kurzentschlossen gaben sich die Nonne und der Mönch in Luthers Wohnsitz, dem Schwarzen Kloster, am 13. Juni 1525 das Jawort zum Lebensbund: er fast 42 und sie junge 26 Jahre. Was Gott zusammengefügt hatte, sollte kein Mensch mehr scheiden.

Eine ihrer ersten Amtshandlungen als frischgebackene Ehefrau des großen Reformators war es, Ordnung in die verstaubte Junggesellenbude zu bringen und Luthers Bett wegzuwerfen, einen Strohsack, der völlig verfault war. Das Ergebnis des gemeinsamen frischen Nachtlagers waren sechs Kinder, um die sich das Paar mit aller elterlichen Liebe kümmerte. Luthers alter Gegner Albrecht von Mainz schien sich über die Verheiratung nicht weiter aufgeregt zu haben und sandte sogar 20 Goldgulden als Hochzeitsgeschenk. Luther wies das Gold energisch zurück, und erst als es zu spät war erfuhr er, dass seine Käthe die freundlich gebotene Gabe hinter seinem Rücken doch angenommen hatte. Was ihr Mann mit vollen Händen ausgab, versuchte sie mit beiden Händen zusammenzuhalten. Katharina von Bora, in der landwirtschaftlichen Verwaltung nicht unerfahren, zeigte sich geschickt in der umfangreichen Haushaltsführung, die über den Ankauf verschiedener Güter noch wuchs. Ihre fleißigen Hände betätigten sich in der Fisch- und Viehzucht, brauten Bier oder sorgten für die Verköstigung der zahlreichen Studenten ihres Mannes und seiner Besucher. An seinen Weggefährten Justus Jonas schrieb Luther 1535: „Es grüßt Dich mein Herr Käthe. Sie fuhrwerkelt, bestellt das Feld, weidet und kauft Vieh, braut usw. Dazwischen ist sie daran gegangen, die Bibel zu lesen, und ich habe ihr 50 Gulden versprochen, wenn sie vor Ostern zu Ende käme." Wahrhaftig, eine gebildete Frau war im Schwarzen Kloster der Herr im Hause. Aufgrund ihrer resoluten Art spielte Luther gelegentlich das Wortspiel „mein Herr Käthe, meine Kette". Auf ungewohnte Weise adelte er sie gar im Ausspruch: „Käthe, du hast einen frommen Mann, der dich lieb hat, du bist eine Kaiserin!" Das Zepter der Haushaltsführung hielt sie streng in der Hand, ihrem Mann den Rücken frei und seine Hand, wenn er ans Krankenbett gefesselt war.

Im Jahr 1537 fühlte sich Luther dem Tode nahe und bat Philipp Melanchthon letzte Grüße zu bestellen: „Tröste meine Käthe! Sie soll den Schmerz ertragen, eingedenk dessen, dass die zwölf Jahre mit mir fröhlich gewesen ist. Sie hat mir gedient nicht nur wie eine Ehefrau, sondern wie eine Magd! Gott vergelte es ihr!"

Immer wieder erhob sich Luther von seinem Krankenbett, auch dank der liebevollen Pflege seiner Frau, bis es 1546 in Eisleben doch zu seinem Totenbett wurde. Was Katharina so oft befürchtet hatte, war nun eingetreten. Luthers Tod bohrte sich tief in ihr Herz. In einem der wenigen Selbstzeugnisse klagte Käthe ihrer Schwägerin die Not:„Ich kann weder essen noch trinken. Auch dazu nicht schlafen. […] Wenn ich daran denke, so kann ich vor Leid und Weinen (was Gott wohl weiß) weder reden noch schreiben lassen."

In all ihre Trauer mischte sich die Sorge um ihre Existenz. Zu einer Wiederverheiratung, wie um diese Zeit üblich und wie Luther es in seinem letzten Willen als Frage aufgeworfen hatte, kam es nicht. Obwohl als Alleinerbin eingesetzt, blieb ihr nur der Gang vor Gericht, da das Testament dem geltenden Recht widersprach. Während des Schmalkaldischen Krieges floh sie mit den Kindern aus Wittenberg, kehrte aber später auf ihre verwüsteten Ländereien zurück. Der Wiederaufbau brachte Käthe in finanzielle Not, der jedoch Gönner abhalfen. Als sich wiederholt die Pest in der Stadt einnistete, floh sie in Richtung Torgau, doch der Tod holte sie vor den Toren der Stadt ein. Sie verunglückte mit dem Fuhrwerk und starb an den Folgen des Unfalls wenige Wochen später.

Eine leidenschaftliche Liebe zu Luther war es anfangs nicht, doch gegenseitige Achtung, Verständnis und das nötige Quäntchen Humor trugen diese Ehe höher als jedes Feuerwerk der Leidenschaft. Als Reformator hätte Luther seine Frau nicht gebraucht, aber als Mensch ist er ohne Käthe undenkbar.

Otto Gräfe

*„Lieber Kopf ab als arm dran" – Ein Schürzenjäger aus Kahla
riskiert Leib und Leben und bezahlt dafür den Preis.*

Otto Gräfe war ein berüchtigter Schürzenjäger und machte seine Beute in und um Kahla in Thüringen. Anno 1557 kam auch die Frau des Pfarrers Stephan Riccius wegen Unzucht mit ihm ins Gerede. Sie leugnete die Liebschaft ab, doch das Gerücht blieb. Der Pfarrer glaubte seiner Frau, hatte aber nicht mit der Hartnäckigkeit seiner Gegner in der Gemeinde gerechnet, die ihn schon lange loswerden wollten. Denn nun hieß es obendrein, der Weiberheld Otto Gräfe hätte auch die Tochter des Pfarrers „beschlafen".

Eine „hochnotpeinliche Befragung" wurde angestrengt, denn ein Geständnis war Gräfe nicht zu entlocken. Beweise gab es auch nicht, und doch wurde Otto Gräfe in einem Prozess zum Tode verurteilt, Barbara Riccius öffentlich ausgepeitscht, und die Tochter kam ins Kloster.

Die Hinrichtung Gräfes war für den 19. April 1558 auf dem Marktplatz von Kahla anberaumt. Wie es das Gesetz verlangte, bekam der Verurteilte eine letzte Chance. Wenn sich eine „unversehrte Maid" fände, die ihn haben will, könnte die Todesstrafe aufgehoben werden.

„Es war der Otto ein schöner Mensch", heißt es in der Cählischen Chronica von Matthaeus Gundermann. Eine Magd schrie aus Leibeskräften weithin über den Markt: „Ich nehm' ihn, ich nehm' ihn!"

Gräfe, der betend im Kreis um den Richtplatz ging, stutzte, schaute zu ihr hin – und bedeutete dann dem Scharfrichter, seine Arbeit zu tun. Er wurde mit dem Schwert enthauptet.

Der Pfarrer verzieh seiner Frau, verließ Kahla mit ihr und wirkte noch 30 Jahre erfolgreich in Lissen bei Osterfeld. Warum die Magd nicht mit dem Tod konkurrieren konnte, ist nicht überliefert.

Friederike Caroline Neuber

Die berühmteste Schauspielerin ihrer Zeit, dieser und dem Publikumsgeschmack weit voraus, behielt von ihrer ersten Liebe lebenslang eine offene Wunde. Doch für immer blieb ihr die Liebe zum Theater, und sie gab alles dafür.

Sie war vierzehn, als die erste Liebe wie ein Sonnenstrahl in ihr freudloses Leben brach. Friederike Caroline Weißenborn stand in ihrer Kindheit unter der unbarmherzigen Zucht eines brutalen Vaters, der mit seinem Jähzorn die Mutter schon frühzeitig in den Tod getrieben hatte und nun seine Wutanfälle an der Tochter ausließ. Eine Narbe im Gesicht sollte sie ihr Leben lang daran erinnern. Nie nannte der Vater sie beim Namen, sondern rief „Bestie" oder „Canaille". Zunehmende Gichtanfälle machten Weißenborn noch bösartiger. Sie behinderten ihn auch in seiner Arbeit als Gerichtsinspektor, so dass er den in Jena die Rechtswissenschaften studierenden Gottfried Zorn in seiner Kanzlei in Zwickau als Gehilfen anstellte.

Der junge Mann brachte nie gekannte Freude in Carolines tristes Dasein. Zorn verliebte sich in das verschüchterte vierzehnjährige Mädchen mit den braunen Augen, rosiger Haut und den schon sichtbaren weiblichen Formen und umwarb sie. Die bis dahin allgegenwärtige Angst vor den Attacken des Vaters verlor durch die süße Lust an jedem Blickwechsel oder an noch so kleiner Begegnung mit dem zehn Jahre älteren Mann an Bedeutung für das verliebte Mädchen.

Dem Vater blieb die Zuneigung der jungen Leute nicht verborgen. Er duldete sie stillschweigend und machte seinem Angestellten zunächst gar Hoffnung auf Nachfolge in der Kanzlei, Übernahme der wertvollen Bibliothek und die Tochter.

Nur wenige Monate währte das zarte Glück. Während eines lautstarken Wortwechsels mit Gottfried Zorns Mutter schlug Weißenborn auf diese ein und jagte sie samt ihrem Sohn aus dem Hause. Seiner Tochter verbot er fortan unter schlimmsten Androhungen jeglichen Verkehr mit dem „Hurenbock", wie er Zorn von da an nannte.

„Das Glücksrad ist ein Ding von unsichtbarer Größe.
Dem einen hilft es fort, dem andern gibt es Stöße."
Neuberin

Wen wundert's, dass die Verliebten Wege fanden, Briefe auszutauschen und sich zu treffen. „Mein allerliebster Engel", schrieb Caroline an den Angebeteten, „[...] ich bitte Dich nochmahl um gottes willen verlasse mich nicht, wen Du Deine Treue nicht hälst und mich verleßt, so wirstu mich um mein leben bringen [...]".

Die Entdeckung der heimlichen Verbindung war unvermeidlich. Weißenborn raste vor Wut und drohte, seine Tochter zu erschießen. Wenige Tage später floh sie bei Nacht und Nebel nur notdürftig bekleidet aus dem Vaterhaus. Die Schwester ihres Vaters wagte nicht, sie aufzunehmen. Schließlich kam sie beim Beutler Trübiger unter, dessen Tochter im Hause Weißenborn gedient hatte und nach ständigen Drangsalierungen davongejagt worden war.

Der alte Wüterich zeigte Zorn wegen Entführung seiner Tochter und „verdächtiger Conversation Tags und Nachts" an und ließ beide per Steckbrief suchen. Die jungen Leute wurden arretiert und im Mai 1712 in Zwickau vor Gericht gestellt. Gottfried Zorn gab zu Protokoll, dass er von der Weißenborn nicht lassen und sie ernähren wolle, indem er zum Militär gehe und Regimentsquartiermeister wird, alles sei schon bestellt.

In Carolines Vernehmungsprotokoll heißt es, dass „das Mensch" von ihm, dem Geliebten nicht lassen wolle, wo er bleibe, da bleibe sie auch und wo er sterbe, da sterbe sie auch. Zu ihrem Vater wolle sie nimmermehr. Und Gottfried Zorn habe nicht sie verleitet, sondern er sei von ihr flehentlich bedrängt worden, sie abzuholen, weil der Vater sie traktieren und in Ketten legen wollte.

Immer wieder beteuerte Caroline in den Vernehmungen, dass die Schuld an allem allein bei ihr liege, ja dass sie Gottfried Zorn geradezu verführt habe. Nichts als Liebe sprach aus diesen Worten des jungen Mädchens. Alle Schuld nahm es auf sich, um den Geliebten vor der Haft zu bewahren.

Es half nichts, sie blieben beide unter erbärmlichen Bedingungen im Arrest. Weißenborn zahlte weder Alimente noch schickte er Nahrung für seine Tochter ins Gefängnis; Caroline litt Hunger und Durst in der Haft. Ihr Geliebter hatte es nicht viel besser. Nach sieben langen qualvollen Monaten schrieb er ein Bittgesuch an seinen Landesherrn Friedrich August, Kurfürst von Sachsen und König von Polen.

Es war Verrat an Carolines Liebe. Gottfried Zorn führte aus, dass jungen Leuten der Verstand nicht vor den Jahren komme und ihnen damit „allerhand Gelegenheit zur Ausübung dieser und jener sündlichen Lust" gegeben

sei und „vornehmlich dem verboten Fleisch und Blute die Ausübung ungebundener Leidenschaft vorstellet". Er
sei vom Vater Weißenborn geradezu angelockt worden und stellte sich als Opfer mit der niederträchtigen Be-
merkung dar, dass dessen Tochter ihn „[...] durch ihre schmeichelnden Liebkosungen dahin zu bringen vermocht,
daß ich ihr gleiche Gegenliebe geschenkt [...]".
Das Gesuch wurde erhört, beide wurden aus dem Gefängnis entlassen. Trotz verzweifelter Gegenwehr lieferte
man das Mädchen wieder dem Vater aus. Zorn ging zum Militär und ließ nichts mehr von sich hören.

Caroline litt furchtbar unter ihrem Liebesleid und musste zusätzlich Tag für Tag den Hass und schlimme Schi-
kanen des Vaters erdulden. Um der Tyrannei zu entfliehen, begann sie schließlich eine Liebschaft mit dem Studenten Johann Neuber. Als ihr Vater sie deswegen misshandelte, sprang sie aus dem Fenster und floh mit Neuber.
1717 schlossen sich beide der Spiegelbergschen Theatertruppe an und heirateten 1718 während eines Gastspiels
in Braunschweig.
Ihre Laufbahn zur berühmtesten Schauspielerin ihrer Epoche begann. Sie galt als „Frauenschönheit ersten
Ranges" mit einer leidenschaftlichen Seele. In ihren Rollen stürzte sie das Publikum in Gefühle von himmelhoch
jauchzend bis zu Tode betrübt und wurde stürmisch gefeiert. Sie wandte sich von den billigen Rüpelstücken ab
und verbannte Hanswurst und Harlekin von der Bühne. Die Ehe mit Johann Neuber war bis zu seinem Tod ein
eher geschäftsmäßiges Unternehmen. Sinnliche Freuden genoss die Neuberin mit einigen schönen und interes-
santen Männern, doch ihr Herz verschenkte sie nie mehr.

Der Harlekin

Mit Hoher Obrigkeitlicher Bewilligung
Wird heute von den
Königl. Polnischen Churfürstl. Sächsischen
und
Hochfürstl. Braunsw. Lüneb. Wolffenb.
nunmehro auch
Hochfürstl. Schleßwig-Holsteinischen

Hof=Comödianten

Ein deutsches Schauspiel vorgestellet werden,
genannt:

Die vermeinte Wittwe.
Oder:
Der zaubernde Ehemann.
Imgleichen:
Das Gespenste mit der Trommel.

Dieses neue lustige Stück ist nach dem Englischen des Herrn Addison,
von der Frau Louise Adelgunda Victoria Gottsched geb. Kulmus
in Leipzig ins Deutsche übersetzet.

Personen:

Der Baron.
Die Baronin, seine Gemahlin.
Marquis,)
Leander,) der Baronin Liebhaber.
Catrine, eine alte Ausgeberin im Schlosse.
Ein alter Verwalter.
Der Kellner.
Der Kutscher.
Der Gärtner.
Etliche Diener.

Hierauf folget zum Beschluß:
Eine lustige Nach-Comödie.

Der Anfang ist um halb 5. Uhr, in dem so genannten Opern-Hause auf
dem Gänse-Marckt in Hamburg. Die Person giebt auf den ersten Rang Logen 2. Marck, auf den andern Rang Logen 1. Marck 8 Schill. Parterre
1. Marck und Gallerie oder auf dem letzten Platz 8. Schill. Es können auch
Vormittags im Hause, am Gänsemarckt u. hinter der Bleichen Billets
abgeholet werden.

Montags, den 8. September 1738.   Johann Neuber

21

Friedrich Gottlieb Klopstock

Seine Zeitgenossen vergötterten ihn. Heute tun wir uns schwer mit seinen Werken.
Doch ganz gewiss sind sie eine starke Wurzel für alles Schöne und Bedeutende in der Kunst.

Lockenwickler aus zusammengerollten Papierstreifen fand die Kaufmannstochter Meta Moller aus Hamburg 1751 auf dem Toilettentisch ihrer Freundin. Sie bemerkte Schriftzeichen auf dem Papier und rollte es neugierig auf. Als sie das Puzzle zusammengesetzt hatte, fand sie Worte von Friedrich Gottlieb Klopstock. Es waren Zeilen aus seinem „Messias", dem großen Epos des Dichters, über das Lessing später so urteilen sollte: „Wer wird nicht einen Klopstock loben? Doch wird ihn jeder lesen? – Nein."
Die Innigkeit der Gedanken und die empfindsame Sprache nahmen das Herz der jungen Dame sofort für den unbekannten Dichter ein. Sie wollte ihn um jeden Preis kennenlernen!
Klopstock, dessen „Messias" gerade den dänischen König Friedrich V. so begeistert hatte, dass er den Dichter an den Hof nach Kopenhagen einlud, war auf dem Weg dorthin. In Braunschweig traf er seinen Freund, den Arzt, Botaniker und Bibliothekar Paul Dietrich Giseke, der zufällig auch ein Vertrauter von Meta Moller war. Sie hatte ihn in einem Brief um die Vermittlung eines Treffens mit dem Schöpfer der betörenden Worte gebeten.
„Sie müssen dem lieben Mädchen die Freude ihrer persönlichen Bekanntschaft gönnen", überredete er Klopstock und gab ihm ihre Adresse. Klopstock wollte nun, wenn er auch zunächst wenig Lust dazu hatte, bei einem Zwischenaufenthalt in Hamburg dieser unbekannten Verehrerin einen Besuch abstatten und erkundigte sich bei der genannten Adresse, wann er sie besuchen könne. „Gleich!", war Metas spontane Antwort. Ihre Schwester Elisabeth fragte fassungslos, ob sie denn toll wäre. Es war nur Metas Zimmer geheizt, überall lagen Kleidungsstücke herum und sie selbst sähe auch nicht gerade passabel aus. Doch nun ging es nicht anders. Elisabeth raffte alles Unordentliche zusammen und warf es in eine Kammer nebenan. Meta versuchte eilig ihr Haar zu richten, als

„Es grüßt Dich ... mit meinem und Deinem ganzen Herzen.

(Das war ein närrischer Einfall!) Doch Dein Herz ist ja auch mein Herz,

und also kann ich ja wohl damit machen, was ich will ... Dein Klopstock"

Klopstock an Meta

ihr der „fremde Herr" bereits gemeldet wurde. Sie warf sich ein Tuch übers Negligé und schaute rasch in den Spiegel. Nicht gerade vorteilhaft, dachte sie, hoffte jedoch, dass ein Dichter, der den „Messias" verfasst hatte, es wohl nicht so mit den Äußerlichkeiten haben würde. Sie öffnete die Tür, sah ihn und war „frapirt in dem eigentlichsten Verstande". Ein Schauer lief durch ihren Körper. Zwar hatte sie einen Dichter nicht eben mürrisch und unmanierlich gekleidet erwartet, aber dass er „so süss" aussah und „so bis zur Vollkommenheit schön" war, verschlug ihr den Atem. Sie sah, dass auch er stutzte, und so schwiegen sie länger, als es bei einer ersten Begegnung schicklich war. Endlich sprach er, und seine Stimme traf sie ins Herz. Sie merkten beide nicht, dass sie unbedeutende Begrüßungsfloskeln austauschten. Er verbeugte sich, und sie war entzückt von seiner Grazie. Sie bemerkte, dass er eine Hand über die andere hielt. Später gestand er, dass er sehr gezittert habe, ohne sich über die Ursache klar zu sein.

Meta bat Klopstock für den nächsten Tag zum Mittagstisch. Zu ihrem Leidwesen mussten selbstverständlich noch andere Gäste anwesend sein. Diesmal hatte sie sich sorgfältig angekleidet und herausgeputzt. Als er angekündigt wurde, war sie so aufgeregt und zappelig, dass sie die Garnitur ihres Kleides zerriss. Es musste genäht werden. Qualvoll lange schien ihr das zu dauern. Beinahe hätte sie Flüche über die Magd ausgestoßen, mit dem Fuß hat sie aber doch aufgestampft. Endlich fertig, stob sie davon, ihm entgegen. „Er sah noch süsser aus als am vorigen Tag und kam mit einer so sanften Freundlichkeit zu mir, die sich nicht beschreiben lässt", schrieb sie später an Giseke. Sie führte Klopstock zu Tisch und bot ihm den Ehrenplatz an, heimlich hoffend, er möge ihn nicht annehmen. Und richtig, er fragte: „Wo sitzen Sie?" - „Ich sitze hier" antwortete Meta, darauf er: „Ich sitze bei Ihnen."

Die übrige Tischgesellschaft war leicht brüskiert, weil sich die beiden nur mit sich beschäftigten, als wären sie allein. Schließlich brachte ein Gast einen langatmigen Toast auf die Gesundheit aus, der Meta bald ungeduldig werden ließ. Sie reichte dem Redner eine Schale mit Äpfeln hin als Zeichen, dass es nun genug sei. Dabei musste sie sich recht nah über Klopstocks Schoß beugen und bemerkte mit rasendem Herzklopfen, dass ihn nicht nur

„Oh, wenn Sie wüßten, wie er geliebt wird!

Das übertrifft Alles, sogar Klopstocks Liebe selbst;

doch nur ein bißchen; denn er liebt mich recht sehr."

Meta Moller an Gleim

„Wer wird nicht einen
Klopstock loben?
Doch wird ihn
jeder lesen? — Nein."

Lessing

KLOPSTOCK

Meyer's
Groschen-Bibliothek
der
Deutschen Classiker
für alle Stände.
(„Bildung macht frei!")

—

Vierundsiebzigstes Bändchen.

—

Klopstock's Oden.
(Anthologie.)
Skerl.
Mit Portrait und Biographie.

Hildburghausen:
Druck vom Bibliographischen Institut.
New York: Herrmann J. Meyer.

geistige Freuden anregten. „Er hat auch einen süssen Körper", dachte sie entzückt. Als die meisten Gäste sich verabschiedet hatten, zogen sich Meta und Klopstock in ein anderes Zimmer zurück, um in seiner Elegie „Dir nur zärtliches Herz" zu lesen. Sie saßen dicht beisammen, und glühende Wogen strömten bei jeder Berührung durch ihre Körper. Nach nur wenigen scherzhaft zärtlichen Worten küsste er sie, zuerst ganz zart. Doch als sie ihren Körper an ihn drängte, riss ihn Leidenschaft hin und heiße Küsse wurden ausgetauscht.

Nach Dänemark reiste er mit einigen Tagen Verspätung und beteuerte in einem Brief an Meta seine Liebe. Sie war sich der gleichen Gefühle gewiss, und die zärtlichsten Liebesbriefe gingen zwischen Hamburg und Kopenhagen hin und her. Metas Eltern waren zunächst nicht erbaut von der Aussicht auf einen Zugereisten, einen mittellosen Dichter als Schwiegersohn, auch wenn er Klopstock hieß. Doch sie kamen nicht an gegen diese Liebe. Drei Jahre später fand die Hochzeit statt und Klopstock schwärmte: „Jetzt erst, nun Meta ganz mein ist, umfasse ich den Werth des irdischen Lebens [...]".

Nach nur fünf beglückenden Jahren machte ein Schicksalsschlag alles zunichte. Meta konnte das Kind, auf das sie sich so sehnsüchtig freuten, nicht zur Welt bringen und starb mit ihm. Unbeschreiblich war Klopstocks Trauer um die geliebte Frau. Für lange Zeit dahin waren seine Heiterkeit, seine Freude an der Natur, am Leben überhaupt. Auf Metas Grab pflanzte er eine Linde, und der Stein erhielt die Inschrift: „Saat, gesäet von Gott, am Tage der Garben zu reifen."

Vier Jahre nach dem Tod der geliebten Meta warb er um die Hand der 20-jährigen Sidonie Diederich, wurde jedoch abgewiesen. Seine letzten Lebensjahrzehnte verbrachte er mit Metas Nichte Johanna von Winthem, die er 1791 heiratete. Doch Meta blieb für immer seine einzige wirkliche Liebe und Gefährtin.

1803 befiel Klopstock eine Krankheit, von der er sich nicht wieder erholte. Seine letzte Ode „Die höheren Stufen" dichtete er an einem der nun seltenen schmerzfreien Tage.

Am 22. März 1803 um 10 Uhr läuteten die Glocken der sechs Haupttürme Hamburgs. Tausende Menschen aus Nah und Fern erwiesen dem großen Dichter Friedrich Gottlieb Klopstock aus Quedlinburg in einem überwältigenden Trauerzug die letzte Ehre. Repräsentanten deutscher und fremder Nationen reihten sich in die Trauernden ein. 126 Kutschen und Ehrenwachen zu Fuß und zu Pferde waren im Trauergefolge. Unter der Linde, neben seiner geliebten Meta, wurde er begraben.

Ein blitzgescheiter Erotomane

Georg Christoph Lichtenberg

Er war der Meister der Anfänge und Aphorismen,
ein brillanter Aufklärer und lustvoller Grenzverletzer.

Von vorn und von hinten besehen erregte sie ihn. Sie hieß Marie und kam aus Arnstadt. Naiv schien sie und wurde 1772 als Köchin im Hause von Johann Christian Dieterich in Göttingen angestellt. Dieser war Freund, Verleger und Vermieter von Georg Christoph Lichtenberg, der frappiert auf das junge, sehr gesund wirkende Mädchen starrte und sofort eine „honnette Zusammenkunft" für erstrebenswert hielt.

So naiv, um die Gelüste in den Augen des Mannes nicht zu bemerken, war Marie aber doch nicht mehr. Sie musterte ihn. Er war klein, dazu noch verkrümmt und hatte einen scheinbar zu großen Kopf. Schön war er nicht. Doch sein Blick bannte sie, und als diese überraschend volle, sonore Stimme aus seinem mickrigen Körper klang, sah sie die bucklige Gestalt nicht mehr. Lichtenberg zeigte ihr fortan bei jeder Gelegenheit sein Begehren mit eindeutigen Berührungen und zweideutigen Redensarten, und sie klopfte ihm mit gespielter Boshaftigkeit auf die Finger. In seinen erotischen Träumen nannte er sie „Düvel", „Dübel", „Satan" oder „Dolly" und bei Tag „Dietrichs Marie". In die Tat konnte er seine Träume zunächst nicht umsetzen. Lichtenberg war viel unterwegs und längere Zeit in London, schrieb aber oft an Dieterich und vergaß nie, Grüße an Marie zu bestellen. Eines Tages heiratete sie nach Erfurt und verschwand.

Lichtenberg trauerte ihr nur kurz nach, denn er begegnete der zwölfjährigen Maria Dorothea Stechard. Leidenschaftlich verliebte er sich in die zarte Kindfrau und umwarb sie. Und sie, noch unschuldig zwar, wusste schon, was er wollte und ließ es geschehen. Als sie 15 Jahre alt war, heiratete er sie, doch sie starb schon mit 17 Jahren und ließ einen zutiefst traurigen Lichtenberg zurück. Zwei Jahre später trat die fünfzehnjährige Margarethe Elisabeth Kellner ihren Dienst als Haushälterin bei Lichtenberg an und wurde bald seine Geliebte. Er heiratete sie sechs Jahre später. Die Ehe verlief weitgehend harmonisch, acht Kinder kamen zur Welt. Alles war in bequemen Verhältnissen. Mit seinen Forschungen und Erfindungen als Experimentalphysiker errang er hohes Ansehen. Sogar aus Amerika kamen Studenten seinetwegen nach Göttingen. Lüsterne Augen für Frauen hatte er jederzeit, wusste sie mit Charme und natürlicher Heiterkeit zu verführen und ließ kein amouröses Abenteuer aus.

In seinen berühmten Sudelbüchern, den Vorratskammern seiner Geistesblitze, gibt es dazu zahlreiche Eintragungen, die er meist verschlüsselte oder in englischer Sprache aufschrieb. Seine Frau sollte ihm nicht auf die Schliche kommen. Er wollte Ruhe und Frieden im Hause haben, aber auch auf nichts verzichten.

Am 30. Juni 1793 trat eine neue Magd im Hause Lichtenberg ihren Dienst an. Es durchfuhr ihn wie ein Blitz, und dagegen hatte er keinen Ableiter. Marie stand vor ihm, der „Arnstädter Dübel", nach fast 20 Jahren. Schon beim ersten gegenseitigen Erkennen war beiden das Unausweichliche klar.

Am 29. Juli notierte Lichtenberg in sein Sudelbuch: „Beim Aufstehen Dolly's side!" Es war Marie, die sich frühmorgens in sein Bett geschlichen hatte. Die mehr als 100 Eintragungen mit den Codenamen Düvel, Dübel oder Dolly lassen keinen Zweifel an der glücklichen Erfüllung seiner Träume. Größtmögliche Heimlichkeit im eigenen Hause war allerdings angebracht und erhöhte den Reiz der Liebesnächte in der Dienstmädchenkammer und der schnellen Liebesspiele bei jeder spontanen Gelegenheit.

In Marie hatte Lichtenberg eine Gespielin für seine Gelüste gefunden. Manchmal fürchtete er sogar ihre sinnliche Gier; Notiz: „Angst vor Düvels Griff, doch unbegründet." Besonders toll trieben sie es, wenn die Hausherrin zur Kur weilte. Die anderen Dienstmägde wurden von ihm ebenfalls zu Liebesdiensten verführt, doch mit Marie gefiel es ihm am besten, weil er mit ihr auch plaudern konnte. So schrieb er in sein Sudelbuch: „Morgens viel Doll conversation", „Abends viel angenehmes Dollgeschwätz, auch die Nacht Gespräch", 19.3.1794: „Abends etwas gedübelt." Trotz seiner ständigen Furcht vor Entdeckung nutzte er jede Möglichkeit zum Austausch „swinitischer Berührungen". 16.4.: „Dübel in the garden room." Wenn er sich nach dem Mittagessen ein behagliches Mußestündchen gönnte, gab er sich oft erotischen Phantasien hin und konnte kaum die Nacht erwarten, um seine Dolly zu „dübeln". Noch 10 Tage vor seinem Tod notierte er in sein Sudelbuch: „Viel Satan den Abend."

Am 24. Februar 1799 starb der erste deutsche Professor für Experimentalphysik, ein scharfsinniger Aphoristiker, Denker und Aufklärer, der in seinen Skizzen die großen Gedankengebäude des kommenden Jahrhunderts genial vorwegahnte - und ein Mann, der kein Frauenzimmer abblitzen ließ.

Keine
Liebschaft
war es
nicht

Johann Wolfgang von Goethe

Frauen waren für ihn Objekt der Begierde, Musen, Geliebte und manchmal unerreichbar. Ein Strumpfband, eine Schokoladentafel und ein Handschuh sind die Requisiten für ein letztes heißes Hoffen des greisen Dichters 1823.

Christiane stirbt! Goethes Ehefrau erlitt 1815 einen Schlaganfall, von dem sie sich nicht wieder erholte. Ein Jahr später verlor sie nach qualvollem Leiden den Kampf mit dem Tod. Der Ehemann hatte sie in der letzten und schwersten Zeit ihrer Krankheit nicht mehr besucht und litt selbst ein paar Zimmer weiter still vor sich hin. Am Sterbetag diktierte er in sein Tagebuch: „Gut geschlafen und viel besser. Nahes Ende meiner Frau. Letzter fürchterlicher Kampf ihrer Natur. Sie verschied gegen Mittag. Leere und Totenstille in und außer mir. [...] Ich den ganzen Tag im Bett." Damit endete eine Liebe, die Goethe erst nach 18 Jahren wilder Ehe mit einer überstürzten Heirat 1806 legitimiert hatte. In den turbulenten Anfangsjahren brachte er mit seinem „kleinen Eroticum" noch die Betten bis zur Reparaturbedürftigkeit. Trotz mehrfacher Schwangerschaft überlebte der Sohn August als einziges Kind. Die 15 Jahre jüngere, derb-bäuerliche Christiane sorgte für Gerüchte in Weimar, aber auch für häusliches Glück, hielt sie doch dem Vielbeschäftigten den Rücken frei und umsorgte ihn liebevoll.

Der Liebe zum schönen Geschlecht entsagte Goethe jedoch nie, weder als Gatte noch als Witwer. Fünf Jahre nach Christianes Tod reiste er im Sommer 1821 zur Kur nach Marienbad. Mit seinen fast 72 Jahren mietete er sich im Haus der Familie von Levetzow ein, die er bereits im Jahr seiner Eheschließung kennengelernt hatte. Die damals zweijährige Ulrike war mittlerweile zu einem schönen und gebildeten Mädchen herangewachsen. Ihr Liebreiz betörte ihn sofort. Die unbeschwerte Fröhlichkeit und naiv-kokette Leichtigkeit entflammten das Herz des greisen Dichters. Um ihre Zuneigung buhlend, überreichte er kleine Geschenke, las ihr stundenlang vor und versuchte auf gemeinsamen Spaziergängen, ihr Interesse für Gesteine zu wecken, indem er dazwischen Wiener Schokolade und Zettelchen mit kleinen Botschaften versteckte.

„Genieß das auf deine eigne Weise, wo nicht als Trank, doch als geliebte Speise.“ Er ließ sich von Ulrike immer wieder Steine bringen, weil sie beim Bücken und Umherspringen so entzückend aussah. Der Mutter gestand er das ganz offen. Er war verliebt wie ein junger Mann.

Das Werben des prominenten Kurgastes setzte sich nach seiner Abreise im Folgejahr fort und erreichte seinen Höhepunkt im Sommer 1823. Erneut traf man in Marienbad zusammen. Die neunzehnjährige Ulrike hatte nichts von ihrer Anziehungskraft verloren, im Gegenteil. Der weithin bekannte Dichter fühlte sich nach einem erlittenen Herzinfarkt durch sie verjüngt, ja kuriert. Es zog ihn hin zur Jugend und er ergötzte sich an ihren Tänzen und Spielen. Sein „Töchterchen“, sein „Liebling“ sonnte sich in dieser Aufmerksamkeit und schürte damit sogar Eifersucht unter den Geschwistern. Als die Schwester Amalie den Dichter brüsk herausforderte und direkt befragte, ob ihm ihr Kleid gefiele, gab er klar Ulrikes Mode den Vorrang. Die gekränkte Antwort kam prompt: „Ich hätte gar nicht fragen brauchen, an Ulriken ist ja Alles hübscher.“

Mit neckischen Spielen, oft bis in die Nachtstunden hinein, ließ er sich sogar den geliebten Schlaf vor Mitternacht rauben. In eine reihum zu erzählende Geschichte wurden Worte eingeworfen, die in die Erzählung verwoben werden mussten. Als Ulrike an der Reihe war, warf Goethe das Wort Strumpfband ein. „Sein Liebling“ errötete und schwieg verlegen. Galant half ihr der wortgewandte Dichter, indem er die Geschichte mit dem Strumpfbandorden wieder in moralisch sichere Gefilde führte. In seinen Träumen verstieg sich der greise Goethe sogar zu Gedanken an einen Heiratsantrag. Das musste endlich heraus, wollte er nicht daran ersticken. Seiner körperlichen Fähigkeiten für den Lebensbund mit einem so jungen Mädchen wollte er sich vorher versichern und konsultierte seinen Kurarzt. Dieser bescheinigte ihm die nötige Kondition. Als Brautwerber fungierte kein Geringerer als sein Freund und Landesherr Carl August von Sachsen-Weimar.

Zuerst hielt die überraschte Familie den Antrag für einen Scherz, entschied sich dann aber, den bekannten Freund nicht zu brüskieren. Ein Mantel des Stillschweigens wurde von Seiten der Familie über die Sache gelegt. Goethe sicherte sich im Verlauf der nächsten Tage noch heimlich einen Handschuh der Angebeteten als Andenken.

Der Versuch, den Zauber aufrecht zu erhalten, scheiterte. Es war und blieb der erste und einzige Heiratsantrag seines Lebens. Gebrochenen Herzens reiste er von Marienbad ab. Böhmen und die Angebetete sahen ihn nie wieder. Geblieben sind die Marienbader Elegien. Die aus seinem schmerzvollen Abschied entstandenen Zeilen hielt der Dichter selbst für das „Produkt eines höchst leidenschaftlichen Zustandes.“ Er resümierte später: „Als ich darin befangen war, hätte ich ihn um alles in der Welt nicht entbehren mögen, und jetzt möchte ich um keinen Preis wieder hineingeraten!“ – In den späten Lebenserinnerungen der Ulrike von Levetzow, die übrigens nie heiratete, heißt es, dass das unausgesprochene „Nein!“ aus Rücksicht vor Goethes Familie und der engen Bindung an die eigene Familie entstanden sei. Sie hätte ihn vielleicht doch geheiratet, wenn sie ihm hätte „nützlich“ sein können und seufzte: „Keine Liebschaft war es nicht!“

„Unter Damen ist Goethe
langweilig, sind sie allerdings
jung und hübsch, zeigt er sich
redselig und liebenswürdig!"

Erotisierender
Schokoladentrunk
für Zwei

Ulrike von Levetzow

Zutaten: 50 g Halbbitter-Schokolade, 250 ml
Milch, 2 Eigelb, 70 g Zucker, 100 ml Rum,
je 1 Prise gemahlener Zimt, Kardamom
und Pfeffer, Schlagsahne und Schokoladenraspel
Zubereitung: Die Schokolade fein reiben und
zusammen mit der Milch aufkochen.
Separat die Eigelb mit Zucker gut schaumig
rühren und unter ständigen Schlagen langsam in
die kochende Schokoladenmilch gießen.
Vor dem Servieren den Rum und die Gewürze
unterrühren. In Gläser gefüllt, den Trunk
abschließend mit geschlagener Sahne und
Schokoladenraspeln verzieren.

Zwei

Schwestern

zwischen

Kabale

und Liebe

Friedrich von Schiller

Im heißen Sommer 1788 entfachte ein Funkenflug der Liebe helle Flammen aus Begehren und Eifersucht zwischen dem Dreigestirn aus Schiller und den Lengefeld-Schwestern Charlotte und Caroline.

Die eifersüchtige Charlotte von Kalb tobte wie eine Furie, denn sie liebte Friedrich Schiller bis zur Raserei. Sie vermutete abgekartete Kabale der Konkurrentin. Kurz nach der Verlobung ihres Angebeteten mit der verhassten Nebenbuhlerin spielte die verschmähte Liebende im September 1789 den letzten Trumpf aus: die Scheidung von ihrem Mann. Doch ihr letztes Aufbegehren, ihr verzweifelter Aufschrei verhallten ungehört in Weimar.

Ihr außereheliches stürmisches Verhältnis zum berühmten Verfasser der „Räuber" hatte seinen Ausgangspunkt bereits 1784 in Mannheim genommen. Der desertierte Militärarzt Schiller fand dort als Theaterdichter Zuflucht und entwickelte leidenschaftliche Gefühle zu seiner adeligen Förderin. Kurzzeitig erwog er sogar die Ehe mit ihr. Voller Vertrauen in eine gemeinsame Zukunft schrieb ihm Charlotte damals: „Unsere Liebe gehört zu den Eigenschaften unserer Seele, sie kann nur mit dieser zerstört werden, die Ewigkeit ist ihr Ziel!"

Fünf Jahre später hatte die Beziehung keine Chance mehr. Liebe wurde durch Liebe ersetzt, Schillers Verlobung und spätere Heirat zogen den Schlussstrich unter die Beziehung zu Charlotte von Kalb.

Ebenfalls in Mannheim war es zu einer ersten, wenn auch flüchtigen Begegnung mit den Lengefeld-Schwestern Charlotte und Caroline aus Thüringen gekommen. Erst auf einer Durchreise 1787 lernte Schiller sie näher in ihrer Heimatstadt Rudolstadt kennen. An seinen Freund Körner schrieb er: „Eine Frau von Lengefeld lebt da mit einer verheirateten und einer noch ledigen Tochter. Beide Geschöpfe sind (ohne schön zu sein) anziehend und gefallen mir sehr."

Diese Bekanntschaft im Winter sollte weitreichende Folgen für den darauffolgenden Sommer haben. Die in freiem Geist und mit vielseitiger Bildung aufgewachsenen Schwestern beeindruckten den umschwärmten Dichter.

„Wäret ihr schon mein!

Wäre dieses jetzige Erwarten das Erwarten unsrer ewigen Vereinigung!

Meine Seele vergeht in diesem Traume ...“

Schiller

Nur zu gern nahm er ihre Einladung an, und ein in vielerlei Hinsicht heißer Sommer 1788 begann. Äußerst spannend war es für die drei jungen Menschen, sich näher zu kommen. Sie verliebten sich, verstrickten sich in nie gekannte Gefühle und versanken in Liebe zueinander. Schiller fühlte sich „wohl und frei im Kreis der Familie, entfernt vom flachen Weltleben“, wie Caroline sich später erinnerte. „Uns fand er immer empfänglich für die Gedanken, die eben seine Seele erfüllten.“

Die lebhaftere und emotionalere ältere Schwester Caroline war in einer kinderlosen Ehe mit Ludwig von Beulwitz gefangen. Ihr Mann wurde in der Familie spöttisch als „Bär“ bezeichnet. In dem schöngeistigen Schiller sah sie den idealen Mann.

Die ausgeglichene und häuslich veranlagte jüngere Schwester Charlotte lebte in ihren Sehnsüchten und Träumen. Ihr schrieb Schiller keck: „Wie haben Sie die Nacht in Ihrem zierlichen Bette geschlafen? Sagen Sie mirs in ein paar geflügelten Worten.“ [...] „Und hat der süße Schlaf Ihre lieben Augenlider besucht? [...] Was macht ihre Schwester? Klappert der Pantoffel schon um ihre zierlichen Füße, oder liegt sie noch im weichen schöngeglätteten Bette?“

Die Verschiedenheit der beiden Schwestern ergaben zusammen das Idealbild einer Frau für den jungen Dichter, und er ließ sich unbekümmert genießend darauf ein. Gemeinsam schienen sie ihm so vollkommen, dass er gar die Außenwirkung dieses intimen Bundes bedachte: „Hätte man uns ernst in unserm engern Kreise beobachtet, wo wir drei ohne Zeugen waren – wer hätte dieses zarte Verhältnis begriffen?“

Diese intimen Bande voller leidenschaftlicher Liebe und Vertrautheit unterbrach lediglich die erste Begegnung mit dem Dichterfürsten Goethe, die für Schiller zunächst an Bedeutsamkeit verlor, da in jenen Wochen das Herz zu stark den Kopf regierte. Die Thüringer Einsamkeit bei den Schwestern ging mit dem Sommer zu Ende und ließ ein Gefühlsvakuum zurück. Schiller resümierte bei seiner Abreise: „Wir haben einander gefunden, wie wir füreinander nur geschaffen gewesen sind. In mir lebt kein Wunsch, den meine Caroline und Lotte nicht unerschöpflich befriedigen können. [...] Adieu meine Teuersten. Ich drücke euch an mein Herz.“

Ein heißer Sommer, zwei Schwestern, ein Dreigestirn: Charlotte wollte Schiller glücklich sehen, Caroline durch ihn glücklich werden. Die kommenden Monate waren von Ängsten, Sehnsüchten und Hoffnungen geprägt. Vor allem die jüngere Charlotte steckte in einer Krise. War sie nur Vorwand für den Dichter, um in Carolines Nähe sein zu können? Ihre Brieffreundin Caroline von Dacheröden besänftigte sie: „Ich begreife sehr gut, wie Schiller dich anders liebt als Linen. Wo fändest du in der Welt zwei ähnliche Geschöpfe, aber er liebt dich darum nicht weniger und deine stille Anhänglichkeit, dein sanfter Sinn, dein ganzes Wesen ist gleichsam aufgelöst in zarte Liebe, o glaube meine Beste, es entgeht nichts davon dem feinen Blick des glücklichen Mannes der dies alles sein nennt.“

Es kam schließlich zu einer Entscheidung zwischen den Beteiligten: Schillers Heirat mit Charlotte sorgte für Klarheit und für Eifersucht bei der Namensvetterin von Kalb. Über die unspektakuläre Trauung mit dem mittlerweile zum Jenaer Geschichtsprofessor avancierten Schiller am 22. Februar 1790 berichtete die Braut: „Wir kamen um fünf Uhr ganz in der Stille in Wenigenjena an, stiegen an der Kirche aus; niemand war bei der Trauung zugegen als meine Mutter und Caroline.“

Dank Charlottes Wesen erlebte Schiller in seiner Ehe häusliches Glück und Geborgenheit. Vier Kinder machten die glückliche Verbindung vollkommen. Das Verhältnis zu Caroline blieb ambivalent. 1794 wurde sie von ihrem Mann geschieden, kurz darauf heiratete sie Schillers Jugendfreund Wilhelm von Wolzogen, der gleichzeitig ihr Cousin war. Von ihrer Familie, selbst von Schiller und Charlotte, wurde sie dafür stark verurteilt. Über die Vaterschaft ihres einzigen Sohnes wurde wild spekuliert.

Zu ihrem Schicksal gehörte, dass sie all diese geliebten Menschen lange überlebte. Im Alter wendete sie sich immer mehr von der Öffentlichkeit ab und einer religiösen Schwärmerei zu. Schließlich wird sie zur wichtigen Biographin ihres berühmten Schwagers. Ihr Grabstein in Jena trägt die selbstgewählte Inschrift: „Sie irrte, litt, liebte, verschied im Glauben an Christum, die erbarmende Liebe.“ Entscheidende Briefe, die Antworten über diesen Sommer 1788 hätten geben können, vernichtete sie kurz vor ihrem Tod. Daher gibt die Geschichte bis heute Raum für gewagte Spekulationen. Lediglich eine Notiz von Karl August Varnhagen von Ense aus dem Jahr 1847 (!) lässt es vermuten: „coucher avec Schiller“. Caroline von Beulwitz teilte mit dem berühmten Mann ihrer Schwester das Bett!

„Charlotte wollte Schiller
glücklich sehen,
Caroline durch ihn
glücklich werden.“

„Lotte“ und „Line“ —
die „Engel meines Lebens“.

Schiller

August von Kotzebue

Er brachte frivole und rührselige Stücke massentauglich auf die Bühne,
für den Beifall des Publikums: Ein früher Meister der Banalitäten.
Seine Frau ließ er schamlos im Stich, als er vor ihrer schwersten Stunde floh.

Anstößig, unmoralisch und zotig wurden Kotzebues Theaterstücke genannt. Trotzdem oder vielleicht auch deshalb hatten sie phänomenalen Erfolg. Auf einer Rangliste der meistgespielten Autoren zu seiner Zeit stand er mit viermal mehr Aufführungen an erster Stelle vor Schiller. Goethe lag auf Rang 14. Lebhafte Phantasie gepaart mit ausgeprägtem Selbstbewusstsein führten ihn im Laufe seines Lebens zu viel bewunderten Höhenflügen, aber auch zu manchem Affront. Nachdem er Sprachen und Jura studiert hatte, ließ er sich mit 19 Jahren in Weimar als Advokat nieder. Mühelos erlangte er Zutritt in die höheren Kreise und war wegen seines geistreichen Charmes besonders bei den Damen gern gesehen. Mit einer fatalen Fehleinschätzung seiner gesellschaftlichen Stellung bereitete er selbst der glücklichen Zeit ein jähes Ende. Hatte er sich doch mit respektlosen Spottgedichten auf Damen der Weimarer Gesellschaft unbeliebt gemacht. Ab sofort wurde er geschnitten. Er verließ die Stadt an der Ilm als Persona non grata.

Durch glückliche Fügung geriet er in den Dunstkreis der Zarin Katharina und wurde Präsident des Gouvernements-Magistrats der Provinz Estland. Als beliebter Unterhalter mit glänzendem Aussehen glaubte er sich mit dem estnischen Adel bald auf Augenhöhe und verliebte sich in Friederike von Essen.
Sie war die wohlhabende Tochter des Oberkommandanten von Reval und eine in jeder Hinsicht begehrenswerte junge Dame. Er machte ihr den Hof und es dauerte nicht lange, bis Friederike seinem Werben erlag. Zunächst in aller Heimlichkeit begann eine leidenschaftliche Beziehung, die nicht ohne Folgen blieb. Als Kotzebue beim Oberkommandanten um die Hand der Tochter anhielt, fiel er aus allen Wolken. Die Antwort des ihm vermeint-

„Egoisten sind wir alle, der eine mehr, der andere weniger.

Der eine läßt seinen Egoismus nackend laufen,

der andere hängt ihm ein Mäntelchen um."

Kotzebue

lich wohl gesonnenen Schwiegervaters in spe war: „Absurd, meine Tochter heiratet keinen Emporkömmling." Der Schock saß tief. Er war nicht gut genug. Wie schon in Weimar hatte er seinen Stellenwert überschätzt und wurde in die Schranken verwiesen. Doch Friederikes Position war stärker, sie kämpfte um ihre Liebe und sie hatte einen biologischen Trumpf aufzubieten. Die Heirat fand 1785 gegen den Widerstand der Eltern statt.

Indessen schrieb Kotzebue ein Schauspiel nach dem anderen, die Verleger rissen sich um ihn. In elf Sprachen wurden seine Stücke übersetzt und europaweit aufgeführt. Das Publikum weinte vor Rührung oder jubelte übermütig und besonders bei den zahlreichen erotischen Anspielungen wurde begeistert applaudiert.

Friederike und August Kotzebue hatten auch nach drei Kindern in vier Ehejahren ein von Leidenschaft, Eifersucht und inniger Liebe geprägtes Eheleben. Langweilig war es nie. Nach Weimar zurückgekehrt flanierten sie glücklich durch den Park von Tiefurt, legten sich mitten hinein in die üppige Natur, freuten sich am Wohlbefinden ihrer Kinder und August schrieb mit schwellender Brust: „Wachse frisch und lustig du grüner Rasen, den der Fuß meiner Gattin betrat,[...] nie wird ein glücklicheres Paar dich betreten, reizender Garten!"

Sorglos und voll Erwartung erlebten sie die letzten Wochen vor der Geburt ihres vierten Kindes. Nach drei Söhnen erblickte endlich ein Mädchen das Licht der Welt. Alles war gut, Friederike wohlauf und guter Dinge. Am vierten Tag nach der Geburt bekam die junge Mutter Fieber und fühlte sich schwach. Doch sie lächelte ihrem Geliebten entgegen, versank in seiner Umarmung und hörte sich aufmerksam eine Szene aus dem neuesten Stück an: „[...] ihr Lob und Tadel, ihr unverdorbenes Gefühl" waren immer der erste Prüfstein seiner Arbeiten.

Obwohl der Hausarzt noch unbesorgt schien, zog Kotzebue den Hofmedicus Hufeland aus Jena zu Rate. Als der Zustand seiner geliebten Frau stündlich beängstigender wurde, ließ er auch den Hofrat Stark aus Jena herüber holen, der verordnete Lavements zur gründlichen inneren Reinigung. Für diese Prozedur ließ Friederike nur ihren Ehemann an sich heran. Kotzebue litt Höllenqualen beim Anblick dieses Siechtums mit seinen ekelerregenden Begleiterscheinungen. In Fieberanfällen fantasierte sie, und in den wenigen wachen Momenten verzehrte

sie sich nach seiner Nähe. Am 14. Tag kam die Krisis mit hohem Fieber, Blutstürzen und schwerer Atemnot. Ihre letzten und schwersten Stunden begannen. Es kam nur noch leises Stöhnen aus ihrer gequälten Brust, als sie mit letzter Kraft nach ihrem Mann verlangte. Die Augen der Sterbenden waren bis zum letzten Atemzug mit schmerzlichem Sehnen auf die Tür gerichtet.

Aber er kam nicht. August von Kotzebue hatte anspannen lassen und war ohne Abschied nach Paris abgereist. Schon bald und zu gern gab er sich wieder den Annehmlichkeiten des Lebens hin. Er heiratete noch zweimal und hatte insgesamt 12 Kinder.

Friederike blieb die leidenschaftlichste Liebe seines Lebens. Immer wieder nagte die Erinnerung an sein herzloses Versagen in ihrer Sterbestunde an seinem Gewissen, doch wirklich bereuen konnte er nicht. Seine Ermordung im Alter von 58 Jahren war keine Vergeltung für sein schäbiges Verhalten in Sachen Liebe, sondern beruhte auf einer Überschätzung seiner Rolle als Zuträger des Zarenhofes.

„Begehre wenig von den Menschen,

wenn du sie zu lieben wünschest."

Kotzebue

Kotzebues Ermordung durch den Jenaer Burschenschafter
Karl Ludwig Sand im Jahre 1819

Eine politisch-
erotische
Natur

Caroline
Schlegel-Schelling

Männer waren für die emanzipierte Muse der Frühromantik biographische Begleiterscheinungen. Dafür wurde sie bewundert und gehasst.

Als letzter Ausweg blieb immer noch das Gift. Kam die Hilfe nicht rechtzeitig, wollte sie ihrem Leid damit ein Ende setzen. Sollte sie doch die Welt zur Hure des Feindes und Kindsmörderin erklären. Soweit durfte es aber gar nicht erst kommen. Sogleich schlug ihr Herz schneller, sanft streichelte sie über ihren leicht gewölbten Bauch und zog die achtjährige Tochter Auguste noch fester in ihre Arme. War es dem „armen Kinde" nicht besser, „ganz Waise zu sein, als eine entehrte Mutter zu haben"? Aber wenn sie an das ungeborene Kind – Folge einer heißen „Glutnacht" – dachte, bedeutete das Gift doppelten Mord. Die verwitwete Caroline Böhmer, im dritten Monat schwanger, musste das Geheimnis um jeden Preis wahren, wollte sie überleben. Sie hatte sich einfach zur falschen Zeit mit den falschen Männern eingelassen.

Diese und noch weitere Gedanken quälten Caroline, als sie 1793 hinter den wuchtigen Mauern der Festung Königstein im Taunus in Haft saß, von Husten geplagt, das Stroh voller Ungeziefer, die Schreie der Gepeinigten in den Ohren und fern des „Genusses freier Luft". War die Rettung noch möglich? Nur ein einziger Mann wusste Bescheid, auf ihn setzte sie. Er hatte ihr auch das Gift besorgt.

Diese Gedanken lagen noch in ferner Zukunft, als Caroline wohlbehütet in einem angesehenen Göttinger Professorenhaushalt aufwuchs. Zahlreiche berühmte Besucher wie Lessing und Goethe gaben sich dort die Klinke in die Hand und prägten die geistig offene Atmosphäre des Hauses mit. Voller Neugier konnte die Heranwachsende nur davon profitieren. Lästernde Zungen behaupteten später, sie sei bereits in jungen Mädchenjahren „sinnlich und sittenlos" gewesen. Ein Brief der Achtzehnjährigen, worin sie einer Heirat abschwor, lässt verschiedene

„Aber ich bin wahrhaftig nur eine gute Frau, und keine Heldin."

Caroline

Deutungen zu: „[…] wirklich verlieben werde ich mich gewiss nie (denn was ich bisher dafür hielt, war nur Täuschung meiner selbst, ich entsagte diesen Hirngespinsten mit so weniger Mühe)".

Dass sie drei Jahre später dem Mediziner Franz Böhmer die Hand reichte, geschah mehr auf Drängen der Familie und aufgrund der gesellschaftlichen Erwartungen, als aus Liebe. „Ich heirate einen liebenswerten und allseits gebildeten Mann, wie sie nicht allzu zahlreich sind, den Freund eines geliebten Bruders und den Bruder der besten Freundin, die ich hier habe." Eine Ehe zur Pflicht, die sich zudem darin äußerte, dass die junge Ehefrau ihrem „Mann folgen musste und alles zurückließ", was ihr lieb und teuer war.

Die kleingeistige Harzstadt Clausthal hatte der Größe ihres Geistes nichts entgegenzusetzen. Sie kümmerte „wie eine Mistbeetpflanze, die Sonne und Luft nur durch Glas genießt". Für Abwechslung sorgten lediglich die Geburten der drei Kinder, die der Mutter bis auf die Erstgeborene Auguste in kurzen Abständen wieder durch Krankheit genommen wurden. Völlig betäubt blieb sie zurück, als ihr nach gut vier Jahren der Tod auch den zehn Jahre älteren Ehemann entriss.

Caroline trat den Weg zurück ins Leben, zurück in die Arme von Familie und Freunden, an. Rastlose Jahre folgten, in denen der kindhaft-schönen Witwe mit dem blassem Teint und rosa angehauchten Wangen viele Verehrer zuliefen. Allerdings stand einer neuen ehelichen Bindung ihr starker Freigeist entgegen.

Die Wanderjahre verschlugen sie im Februar 1792 zu ihrer Jugendfreundin Therese nach Mainz. Das brisanteste Abenteuer ihres Lebens nahm seinen Lauf. Die Freundin war mittlerweile mit dem weitgereisten Naturforscher Georg Forster, der unter anderem mit James Cook die Weltmeere befahren hatte, unglücklich verheiratet. Etwas hässlich anzusehen, das Gesicht von Blattern vernarbt und durch Skorbut den Mund voller fauler Zähne, blieb Therese die unschöne Gegenwart des Gatten des öfteren durch seine vielen Reisen erspart. Zeit, um ihn unter anderem mit dem Legationsrat Ferdinand Huber zu hintergehen. Forster wusste um den Betrug im eigenen Hause, duldete ihn aber, da dies einen gewissen Reiz auf ihn ausübte. Beiden Geschlechtern zugetan, schlug er kurzerhand eine ménage à trois vor, die Therese als Anlass zur Flucht mit ihrem Geliebten nahm.

Im Haus zurück blieb Caroline, die sich fortan mit ihrer Tochter Auguste um die hauswirtschaftlichen Belange kümmerte, und vielleicht um mehr. Forster zeigte sich dankbar, und die junge Witwe genoss die politischen Gesellschaften, die der wichtigste Protagonist der kurzlebigen Mainzer Republik versammelte. Caroline blühte in diesen Kreisen auf, welche die Ideen der französischen Revolution zu leben und durchzusetzen gedachten. So kam es nicht von ungefähr, dass sie während eines Balles am 13. Januar 1793 eine leidenschaftliche „Glutnacht" mit dem neunzehnjährigen Leutnant Jean Baptiste Dubois-Crancé verbrachte. „Schön wie ein Götterbild" stand er noch vor ihr, als sie ihre „leichtsinnige Kühnheit" in einer Schwangerschaft entdeckte.

Dann überschlugen sich die Ereignisse. Forster reiste nach Paris, um dem Nationalkonvent die Anschlusswünsche zu unterbreiten und Caroline verließ Mainz ebenfalls, um kurz darauf wegen politischer Umtriebe und der Verbindung zu Forster inhaftiert zu werden. Eine verzweifelte Lage, bei der gleich drei Leben auf dem Spiel standen. In dieser größten Not vertraute sie sich ihrem Göttinger Freund August Wilhelm Schlegel an, der gemeinsam mit Carolines Bruder alle Hebel in Bewegung setzte und das Wunder der Freilassung bewirkte. Durch Hilfe der Gebrüder Schlegel vor neugierigen Blicken und lästigen Fragen geschützt, konnte Caroline am 3. November 1793 im abgeschiedenen Lucka bei Altenburg den Franzosen-Jungen zur Welt bringen, der aber kurze Zeit später verstarb.

Ein Hinfallen war erlaubt, aber ein ungebrochener Lebenswille forderte das Aufstehen und Weitergehen. Im Oktober 1794 erreichte August Wilhelm Schlegel ein Brief seines Bruders Friedrich, welcher eine höchst brisante Frage aufwarf: „Sind die Schwierigkeiten unüberwindlich, die Caroline oder Dich hindern, einen Namen zu tragen. Carolines politische Lage würde dadurch ganz verändert werden. Mit einem neuen Namen würde sie eine neue Person annehmen." Friedrich war es auch, der der erhofften Schwägerin eine „politisch-erotische Natur" zuschrieb und ergänzte, dass „wohl das Erotische überwiegend" sei.

Ob aus Dankbarkeit, zur Absicherung oder aus Liebe, Caroline heiratete 1796 ihren Retter in der Not und führte mit dem Gelehrten August Wilhelm Schlegel und seinem Bruder ein offenes Haus in Jena. In die kleine Universitätsstadt an der Saale zog es noch andere Schöngeister, wie Schiller, Sophie Mereau oder Novalis, so dass die viel gerühmte „Stapelstadt des Wissens und der Wissenschaft" um 1800 eine Blüte erlebte. Ein Feuerwerk aus Ideen der Frühromantik, welches die „politisch-erotische Natur" einer Caroline Schlegel mit entzündete.

Einer der Funken sprang auf den jungen schwäbischen Philosophen Friedrich Wilhelm Joseph Schelling über, der erkannte, was auch andere mitteilenswert fanden: „Sehr hübsch ist es, wie diese Frau ihre Jugend so erhält, sowohl körperlich als geistlich. Was Sie mir von ihrer Koketterie gegen Wilhelm Schlegel sagten, gab mir gleich Anfangs die Vermutung, dass sie ihn nicht liebt, wovon ich nun die völlige Überzeugung habe." Ein zartes Band zu Schelling entstand, welches sich immer enger knüpfte und für Tuscheleien bis zu lauten Anfeindungen der „Dame Luzifer" sorgte. Moralische Verleumdungen lösten politische ab. Die vage Idee, den zwölf Jahre Jüngeren mit der eigenen Tochter zu vermählen schlug fehl, als die Tochter Auguste plötzlich 1800 auf einer Kurreise verstarb. Nach ihrem Tod schrieb Caroline ihrer Freundin Luise Gotter erschüttert: „[…] ich lebe nur noch halb und wandle wie ein Schatten auf Erden".

Um aus diesem Schatten herauszutreten, löste sie die arrangierte Ehe mit Schlegel. Dieser blieb der neuen Verbindung wohlwollend zugetan, band sich später devot an die Schriftstellerin Madame de Staël und versuchte mit über fünfzig Jahren eine neue Heirat mit der 27-jährigen Sophie Paulus einzugehen. Die Jungvermählte hielt es angeblich nur eine Nacht mit ihm aus, verschwand auf Nimmerwiedersehen und bezichtigte ihn aus der Ferne der Impotenz. Sein Schüler Heinrich Heine vermutete gar, dass August Wilhelm eher der gleichgeschlechtlichen Liebe zugetan sei.

Nachdem endlich die Scheidung von Schlegel ausgesprochen war, legitimierte Schelling die Verbindung 1803 mit einer Trauung. Eine glückliche Liebesheirat, in der Carolines Witz, Charme und Esprit wieder aufleuchteten und sie an der Seite ihres Mannes politisierte und erotisierte. Schelling, der sein „seltenes Weib von männlicher Seelengröße" schätzte, begegnete ihr auf Augenhöhe. Sie folgte ihm zu seinen Professuren nach Würzburg und München. Ihre Bruchrechnung, welche sie einst nach dem Tod ihrer geliebten Auguste aufgestellt hatte, damals noch zwischen Schlegel und Schelling stehend, war nun aufgegangen: Tod, geteilt durch Schmerz, mal Wonne, geteilt durch Liebe ergibt Leben und Frieden.

Während eines Besuches bei den Schwiegereltern im württembergischen Maulbronn erkrankte Caroline an der Ruhr. Ihrem Ideal von Liebe nah, starb sie mit nur 46 Jahren in den Armen Schellings, der nach dieser kurzen, aber leidenschaftlichen Ehe, und seiner Muse beraubt, in versteinerter Trauer zurückblieb. Das Streben nach Selbstverwirklichung in einer von Männern dominierten Gesellschaft hatte Caroline viel abverlangt, hob sie aber gleichzeitig aus der Masse der Weiblichkeit heraus. Grotesk, dass gerade sie auf einem ehemaligen Mönchsfriedhof die letzte Ruhestätte fand. Ihr Grab ziert bis heute die Inschrift: „Jedes fühlende Wesen stehe mit Andacht hier, wo die Hülle schlummert, die einst das edelste Herz und den schönsten Geist umschloss."

August W. Schlegel Friedrich Schlegel Friedrich W. Schelling

„Unter den großen Philosophen ist es nur Schelling, für den eine Frau von entscheidender Bedeutung wurde [...], durch ihr geistiges Wesen."

Karl Jaspers

Lucinde.

Ein Roman

von

Friedrich Schlegel.

Erster Theil.

Berlin.
Bei Heinrich Frölich.
1799.

Der Skandalroman um eine wilde Ehe

Büsten von Caroline und den Brüdern Schlegel vor dem Romantikerhaus in Jena

Dieses
unbändige
Begehren
nach Freiheit

Sophie Mereau

Den Moralvorstellungen ihrer Epoche zum Trotz wollte sie selbstbestimmt leben —
ein Skandalon und eine radikale Idee, um die Liebe neu zu erfinden.

Viel Aufheben macht die ehemalige Residenzstadt Altenburg nicht um ihre berühmte Tochter. So findet man eher zufällig den Sophie-Mereau-Weg zwischen Friedrich-Wolf-Ring und Brockhausstraße.

Sophie Mereau, geborene Schubart, wuchs mit ihrer älteren Schwester Henriette in ihrer Geburtsstadt in gutbürgerlichen Verhältnissen auf. Sie genossen eine breit gefächerte Bildung und erlernten nicht nur Singen, Zeichnen, Klavierspielen und Handarbeitstechniken, sondern erwarben auch sehr gute Kenntnisse in Französisch, Englisch, Spanisch und Italienisch. Henriette war weder besonders hübsch, noch fiel sie durch Lebhaftigkeit auf. Sie blieb ihr Leben lang ehelos und damit auch mittellos.

Ganz anders ihre Schwester Sophie, die sich zu einer berückenden Schönheit entwickelte und mit ihrem Charme und Liebreiz überall bewundert und umschwärmt wurde. Die junge Dame war sich ihres Wertes bewusst und nahm sich selbstbewusst die Freiheit, die sie brauchte. Doch dann starb mit dem Vater der Versorger der Familie. Damit stand vor Sophie ein existentieller Zwang zu einer Heirat. Sie fürchtete um ihre Unabhängigkeit, sperrte sich lange und versuchte die strenge Vormundschaft ihres älteren Stiefbruders zu ertragen.

Immer öfter dachte sie jedoch an den hartnäckigen Verehrer aus Jena, den Juristen Friedrich Ernst Karl Mereau, der ihr schon seit Jahren Briefe schrieb und unermüdlich mal mit glühender Verehrung, mal devot bis zur Lächerlichkeit um sie warb. Mereau galt als bieder, etwas engstirnig, und Humor wurde ihm auch nicht nachgesagt. Sophies Herz konnte er bisher nicht rühren. Im Gegenteil, sie schrieb ihm unumwunden, dass er in einer Ehe mit ihr weder Liebe noch Leidenschaft zu erwarten habe. Er ließ nicht locker und lud sie nach Jena ein. Sofort war sie vom Flair der Universitätsstadt entzückt und erkannte Altenburg als zu eng für ihre Ansprüche an ein

„Einmal lieb' ich, und einmal leb' ich, unsterbliche Götter!

Wenn ihr das Eine mir raubt, nehmt auch das Andre dahin!"

Mereau

erfülltes Leben. Mereau wusste von ihren schriftstellerischen Ambitionen und ahnte, was seine Angebetete wie die Luft zum Atmen brauchte. Geschickt erwähnte er nach ihrer Abreise in seinen Briefen Begegnungen mit den Geistesgrößen der Stadt, wies beiläufig auf die Nähe Weimars hin und behauptete sogar, dass Schiller sie gern in Jena sähe. Damit hatte er die ausschlaggebenden Argumente gefunden. Längst war ihr bewusst, dass sich eine alleinstehende Frau, wenn sie nicht Ausgrenzung und materielle Not erdulden will, nur in eine Ehe flüchten kann. Sie heiratete Mereau 1793 und zog nach Jena. Ein Sohn und eine Tochter wurden geboren. Wie zu erwarten war, gestaltete sich die Ehe lieblos und für Sophie absolut unerotisch. Doch die besondere Jenaer Atmosphäre bot ihr reichlich Lebensfreude. Sie begegnete dem Philosophen Johann Gottlieb Fichte und besuchte als erste Frau seine Vorlesungen. Zu Professorenrunden wurde sie eingeladen, fuhr nach Weimar ins Theater und avancierte schon bald zum Mittelpunkt der Jenaer Gesellschaft – alles wie erträumt. In ihrem Hause verkehrten Persönlichkeiten wie Goethe, Hufeland, Tieck, die Schlegels, Clemens und Bettina Brentano. Schiller nahm sich sogar ihrer dichterischen Arbeiten an. Verblüfft über ihr Talent sagte er: „Ich muss mich doch wirklich darüber wundern, wie unsere Weiber jetzt, auf bloß dilettantischem Wege, eine gewisse Schreibgeschicklichkeit sich zu verschaffen wissen, die der Kunst nahe kommt."

Doch bei aller Herrlichkeit fühlte sich Sophie wie angeschmiedet an ihren ungeliebten Ehemann. Er benutzte sein eheliches Recht auf Sophies körperliche Verfügbarkeit nach seinen Bedürfnissen, doch niemals konnte er ihre Sehnsucht nach Liebe stillen. Sie begann mehrere Affären, die ihr zunächst auch nicht die erhoffte Erfüllung brachten. Dann eroberte der Student Heinrich Kipp ihr Herz im Sturm. Er war ein schöner Mann, geistreich und ein risikofreudiger Draufgänger, und endlich endlich erlebte sie eine ihr ganzes Sein erfassende leidenschaftliche Liebe. Sie war glücklich und hielt diese Liebe so sehr für ihr gutes Recht, dass ihr die öffentliche Meinung gleichgültig war – eine Ungeheuerlichkeit für eine verheiratete Frau ihrer Epoche. Doch Kipp machte Spielschulden, musste über Nacht verschwinden und floh in seine Heimatstadt Lübeck. Sophie war vor Kummer und Sehnsucht am Boden zerstört. Noch jahrelang schrieben sie sich leidenschaftliche Briefe und träumten vom Verschmelzen ihrer beider Leben. Zuerst wollte sie dem Geliebten nach Lübeck folgen. Doch langsam beschlich sie der Gedanke,

damit die eine Abhängigkeit gegen eine andere zu tauschen. Bei allen berauschenden Phantasien in ihren Briefen hatte Sophie die negativen Seiten von Kipps leichtsinnigem Charakter erkannt. Sie sahen sich nie wieder.

Eine kurze und leidenschaftliche Liaison begann Sophie mit dem Medizinstudenten Georg Philipp Schmidt. Wieder verstößt sie gegen alle Konventionen und geht ganz offen, ohne Rücksicht auf ihren Mann, mit ihrer Liebschaft auf Reisen. Doch es kam zu einem schnellen Zerwürfnis und Sophie kehrte allein nach Jena zurück. Deprimiert fühlte sie sich als Verliererin.

So einfach kam sie nicht wieder in ihr gesellschaftliches Umfeld zurück. Der Klatsch um ihre Eskapaden blühte. Sie wurde sogar auf offener Straße beleidigt. Doch auf ihrem Anspruch auf Selbstbestimmung beharrte sie und trotzte allen Anfeindungen. Im Januar des Jahres 1800 starb ihr Sohn, Depressionen waren eine Folge und die Ehe mit Mereau wurde ihr immer widerwärtiger. Bei seinen erzwungenen Berührungen litt sie Höllenqualen. Die Ehe wurde 1801 geschieden, und neu war, dass eine Frau sich scheiden ließ, ohne dass ein neuer Versorger bereit stand. Es war die erste Ehescheidung dieser Art in Jena. Sophie musste auf ihre in die Ehe eingebrachte Mitgift verzichten, bekam eine Jahresrente von 200 Reichstalern zugesprochen und die Tochter durfte bei ihr bleiben.

Sie zog zu Verwandten nach Camburg. Die Rente reichte nicht für ein normales Leben mit ihrer Tochter. Zum Glück verdiente sie inzwischen mit ihrer schriftstellerischen Arbeit Geld und verbesserte ihre materielle Lage zusätzlich mit verlegerischer Tätigkeit. Mit großem Fleiß und praktischem Geschäftssinn sicherte sie ihre Unabhängigkeit. Sophie Mereau ist eine der ersten Berufsschriftstellerinnen Deutschlands. Es gelang ihr sogar, von ihren Einkünften ihre Schwester Henriette zu unterstützen, die als alleinstehende Frau völlig verarmt war und manchmal gar Hunger litt. Noch im Jahr 1801 zog sie von Camburg nach Weimar um.

Den Studenten Clemens Brentano kannte Sophie Mereau schon seit 1798. Er nahm wie noch andere Studenten am Mittagstisch der Familie Mereau teil. Sofort hatte er sich in sie verliebt und bestürmte sie mit seinen Schwüren und Geständnissen. Sie ihrerseits war ebenfalls entflammt, fürchtete sich jedoch vor seiner Heftigkeit und seinem besitzergreifenden Wesen. Sein Charakter erinnerte sie an Kipp – attraktiv, gesellig, mit viel Phantasie, aber auch unberechenbar und egozentrisch. Völlig überraschend für Brentano brach sie im August 1800 die Verbindung ab. Sie befand sich in Scheidung von ihrem Mann und wollte nicht durch ein außereheliches Verhältnis Nachteile für sich heraufbeschwören. Auch die Intrigen des ebenfalls in Sophie verliebten Friedrich Schlegel, die für Missverständnisse und Zerwürfnisse zwischen den Beiden gesorgt hatten, mögen dazu beigetragen haben. Irritiert war sie auch von einer Liaison des „ach so sehr" in sie verliebten Brentano mit ihrer Altenburger Jugendfreundin Minna Reichenbach.

Erst drei Jahre später kam es wieder zu einem Briefverkehr zwischen Clemens Brentano und Sophie Mereau. Sie entdeckten ihre Seelenverwandtschaft neu und eine gemeinsame Zukunft erschien ihnen möglich, ja sogar verlockend. Im April 1803 schrieb Sophie an Brentano: „Ich will Sie sehen […] den wahren, lebendigen Eindruck der Gegenwart begehre ich – er mag entscheiden."

Am 14. Mai 1803 trafen sie sich in Weimar. Die Zweifel an ihrer Liebe waren wie weggefegt, und sie träumten vom gemeinsamen poetischen Schaffen. Sophie war bereit, mit ihm in Marburg zu leben. Eine Heirat wollte sie nicht. Doch eine Schwangerschaft änderte diesen Entschluss, und die Trauung fand im Januar 1804 statt.

Ihre wirtschaftliche Unabhängigkeit hatte sich Sophie Brentano bewahrt. Sie verdiente genug für ihren Lebensunterhalt und finanzierte sogar teilweise Brentanos Ausgaben mit. Die erste Phase ihrer Ehe verlief fröhlich, glücklich und sehr verliebt. Clemens wollte sich ihr einfach nur unterwerfen, um ihre Liebe zu genießen. Sein exzentrischer Charakter ließ das jedoch nicht lange zu. Peu à peu verlangte er immer mehr Anpassung von ihr und missgönnte ihr die schriftstellerischen Erfolge. Von gemeinsamer schöpferischer Arbeit war kaum noch die Rede. Immer öfter machte er ihr schlimme Eifersuchtsszenen, wenn sie in Gesellschaften umschwärmt wurde. Im Eheleben kam es zu häufigen Wechseln zwischen schweren Zerwürfnissen und leidenschaftlichen Liebesausbrüchen. Die „süßen romantischen Augenblicke" wurden immer seltener. Das neugeborene Kind, ein Junge, starb schon nach wenigen Wochen. Bald darauf war Sophie wieder schwanger und erlitt eine Fehlgeburt. Es dauerte nicht lange, und ihr fünftes Kind war unterwegs. Einfach war das Zusammenleben nicht mehr. Brentano flüchtete immer öfter auf Reisen. Sophie genoss diese Zeiten der Ruhe und der scheinbaren Freiheit.

Am Abend vor der Geburt ging das Ehepaar Brentano spazieren und sah mit Wehmut, wie eine der herrlichen Linden in der Nähe ihrer Wohnung gefällt wurde. Es war wie ein böses Omen. In der Nacht starb Sophie bei einer schweren Geburt und ihr Kind ebenso.

Carl Friedrich Gauß

Als genialer Denker machte er die Mathematik zu seiner Begleiterin, lebenslang.
In den Lücken zwischen den Zahlen entdeckte er die Liebe.

„Zuerst konnte ich rechnen und dann sprechen", soll er scherzhaft gesagt haben. Das kann gut sein, hatte er doch als Dreijähriger seinem Vater bei der Errechnung der Tagelöhne für die Arbeiter zugehört und plötzlich „falsch" gerufen, und eine andere Zahl genannt. Nur aus Spaß wurde nachgerechnet und das Ergebnis des Kleinkindes stellte sich als richtig heraus. Während der Schulzeit in Braunschweig, wo er auch das Licht der Welt erblickt hatte, wurde die außergewöhnliche Begabung des Carl Friedrich Gauß für Mathematik offenbar. Herzog Carl Wilhelm Ferdinand von Braunschweig, verblüfft über die „merkwürdige Genialität" dieses schüchternen Knaben, förderte fortan großzügig dessen Studien alter und neuer Sprachen sowie Mathematik in Braunschweig und Göttingen.

Als Gauß sich für eine Frau zu interessieren begann, hatte er bereits den ersten vollständigen Beweis für den Fundamentalsatz der Algebra geliefert, eine sichere Methode für die Berechnung von Planetenbahnen gefunden und gehörte zu den bedeutendsten Mathematikern Europas. Es heißt, die Auserwählte sei ihm in Braunschweig buchstäblich vor die Spiegel seines Sextanten gelaufen. Fast ein Jahr lang behielt er sie im Auge, ohne sich ihr zu nähern. Bei jeder Begegnung schlug sein Herz höher. Doch er wollte sicher sein, sich nicht wegen blinder Leidenschaft, sondern auf Grund gesicherter Erkenntnis über ihren Charakter für die Frau seines Lebens zu entscheiden. Auch verlangte seine redliche Gesinnung die Gewissheit, ihr ein glückliches Leben nach ihren Bedürfnissen bieten zu können. An seinen Freund Bolyai schrieb er: „Die schönste [neue Bekanntschaft] ist die eines herrlichen Mädchens, ganz so, wie ich mir immer eine Gefährtin meines Lebens gewünscht habe." Er schwärmte von ihrem Madonnengesicht als einem Spiegel des Seelenfriedens und der Gesundheit, von den zärtlich leuchtenden

Augen, ihrem tadellosen Wuchs und hellem Verstand. Doch das Beste war für den Verliebten ihre „stille, heitre, bescheidne, keusche Engelsseele". Gauß selbst fand sich weder schön noch galant, einzig ausgestattet mit einem Herzen voller Liebe. Die immer stärker werdende Sehnsucht nach der angebeteten Johanna Osthoff aus Gotha fegte schließlich alle Bedenken beiseite und er offenbarte sich ihr in einem Brief. „Sie wissen es selbst nicht, wie reich und gütig Sie der Himmel ausgestattet hat. Aber mein Herz kennt Ihren Wert – ach! mehr, als mit meiner Ruhe bestehen kann. Längst gehört es Ihnen."

Unbeschreiblich war die Seligkeit, als Johanna ihm ihre schon länger während Zuneigung offenbarte, die sie wegen seiner zur Schau getragenen Kühle verborgen hatte. Drei Monate später waren sie verlobt und Gauß schrieb an Bolyai: „Das Leben steht wie ein ewiger Frühling mit neuen glänzenden Farben vor mir."

Nach der Hochzeit im Oktober 1805 lebte Gauß mit seiner Johanna wie in einem Glücksrausch. Johanna lernte, wie mit einem mathematischen Genius umzugehen ist; zum Beispiel, dass ihm das Konstruktionsprinzip eines regelmäßigen Siebzehnecks im Bett aufging und Lustgewinn bedeutete. Zwei gesunde Kinder bescherten immer neues Entzücken. Dank der Großzügigkeit des Fürsten konnte er sich auf seine Forschungen konzentrieren, und seine Entdeckungen auf mathematischem und astronomischem Gebiet sorgten weltweit für Aufsehen. An seinen Freund schrieb er: „[...] wenn das Mädchen einen neuen Zahn kriegt, oder der Junge ein paar neue Wörter gelernt hat, so ist das fast ebenso wichtig, als wenn ein neuer Stern oder eine neue Wahrheit entdeckt ist."

Doch graue Wolken lauerten schon am Braunschweiger Himmel der Glückseligkeit. Sein fürstlicher Gönner starb und Gauß musste zum Broterwerb dem Ruf nach Göttingen als Professor für Astronomie und Direktor der Sternwarte folgen. Das bedeutete weniger Zeit für seine Forschungen und missfiel ihm.

Das Schlimmste jedoch geschah, als Johanna sich nach der Geburt des dritten Kindes nicht wieder erholte und starb. Die verzweifelte Trauer um die geliebte Frau verließ ihn nicht. Zumal seine Tochter Wilhelmine ihr wie aus dem Gesicht geschnitten war und ihn mit jeder Geste tagtäglich an das verlorene Glück erinnerte. Seinen Schmerz schrieb er in einer Totenklage nieder: „Ach ich war der Glückliche, dessen dunkle Pfade der Unerforschliche von Deiner Gegenwart, von Deiner Liebe, von Deiner zärtlichsten und reinsten Liebe, erhellen ließ. [...] Du hattest mich so lieb, Du wolltest so gern bei mir bleiben. Ich sollte mich doch nicht zu sehr dem Gram überlassen, waren beinahe Deine letzten Worte."

Ein halbes Jahr später warb er um die Hand von Minna Waldeck, einer guten Freundin seiner verstorbenen Frau. Nicht ohne ihr zu offenbaren, dass er „nur ein geteiltes Herz anzubieten habe", weil Johanna immer darin einen Platz haben werde. Die Ehe wurde recht glücklich, drei weitere Kinder kamen hinzu. Minna konnte Johanna freilich nie ersetzen.Nach Mathematik, Geometrie, Physik und Astronomie wandte sich Gauß der Geodäsie zu und lieferte auch auf diesem Gebiet bahnbrechende Entdeckungen, die bis heute Bestand haben. Am 23. Februar 1855 ging ein genialer Denker und liebender Mann auf seine Bahn in die Unendlichkeit.

17-Eck-Stern am Braunschweiger Gaußdenkmal

Gauß

„Pauca sed matura.“

„Weniges, aber Reifes.“ — Wahlspruch von Gauß

Brocken – Hoher Hagen – Inselsberg

Das größte von Carl Friedrich Gauß
vermessene Dreieck im Zuge der
hannoverschen Gradmessung
(1821 – 1825)
zur Bestimmung der Erdgestalt

Gedenktafel auf dem Brocken

Hermann von Pückler-Muskau

Er schuf und versprach den Himmel auf Erden! Das Genie der Gartengestaltung war lebenslang vom Erfolg seiner Verführungskünste verwöhnt, aber bei einem Mauerblümchen, der Thüringer Erfolgsautorin Marlitt, fiel das Pflücken schwer.

Jetzt hatte er sich verraten! Der landauf, landab bekannte Lüstling und Frauenheld Hermann von Pückler-Muskau, von dem es heißt, er habe mehr Liebesverhältnisse gehabt als Don Juan und Jupiter zusammen, war wieder auf Eroberung aus. Dieses Mal spann er sein Netz von schmeichelnden Worten um die 43-jährige Arnstädter Starautorin Eugenie John, berühmt geworden unter dem Pseudonym Marlitt. Doch diese hatte ihn längst durchschaut. Provozierend schleuderte sie dem Kollegen, welcher als Reiseschriftsteller unter dem Pseudonym „Der Verstorbene" selbst Erfolge gefeiert hatte, die Briefzeilen entgegen: „Und nun mache ich Ihnen einen Vorwurf, und zwar den der Undankbarkeit. Sie sagen selbst, dass Sie drei Briefe von Damen auf der Post vorgefunden – ist das nicht genug? Musste ich denn durchaus als Nr. 4 dabei sein?"

Endlich hatte Marlitt sich gegenüber dem adeligen Herrn Luft gemacht und verweigerte nach einigen mehr oder minder höflichen Briefen ihrerseits eine Annäherung jeglicher Art. Aber dieser hartnäckige Widerstand der von ihm begehrten Dame stachelte Fürst Pücklers Jagdtrieb nur noch mehr an. Der „Don Juan" von 82 Jahren war auf Frauenjagd, ein „Nein!" akzeptierte er nicht. Schließlich waren in seinem langen Leben nur Wenige seinem charmanten Werben nicht erlegen. Manche hatte er so für sich eingenommen, dass sie bei nachlassender Zuneigung des Erotomanen Selbstmord begingen.

Bereits als zehnjähriger Knabe erlebte der Fürst seine ersten erotischen Abenteuer. Er verliebte sich in ein „frommes, schönes Mädchen" und gestand offenherzig: „Aber unschuldig blieb unsere Liebe nicht. Ich war sehr früh gereift, schon was man verführt nennt. Mein frommes Mädchen gleichfalls [...], und auf solche Weise, wie zwei Mädchen, genossen wir, gewissermaßen in aller Unschuld, wenigstens ohne Gewissensskrupel und mit Enthusi-

asmus Liebe und Wollust unersättlich [...], fast ein Jahr lang [...]." Damit nahm das triebhafte Leben aber erst seinen Anfang, unzählige Affären durch alle Gesellschaftsschichten folgten.

„In seinem Herzen fand wahrhaft demokratische Gleichberechtigung Raum", heißt es von seiner Biographin, „Fürstinnen, Prinzessinnen, Gräfinnen, Hoffräulein, Künstlerinnen, bürgerliche Kleinstädterinnen und elegante Weltdamen, Zofen und Mädchen aus dem Volk, schöne und hässliche, alte und junge lockte er gleichermaßen in seine Netze, und zwar zu allen Zeiten seines Daseins."

Als junger Mann von knapp 32 Jahren heiratete er schließlich 1817 aus finanziellem Kalkül die wohlhabende und neun Jahre ältere Lucie von Pappenheim, behielt sich aber amouröse Freiheiten vor, die sogar darin gipfelten, dass sich der Fürst der Pflegetochter seiner Frau näherte, gar eine Ehe zu Dritt vorschlug. Lucie war zwar Gattin, aber vor allem Beichtmutter für seine Seitensprünge.

Sie stand ihrem Mann, der als begnadeter Gartenarchitekt berühmt geworden war, allerdings in einer Leidenschaft zur Seite: der Neugestaltung und dem Ausbau des Muskauer Landschaftsparks. Ihre Visionen brachten das Ehepaar bald an finanzielle Grenzen. Frisches Geld musste her! Zum Schein wurde die Scheidung eingereicht und Pückler ging nach England, um auf Jagd nach einer reichen Erbin zu gehen. Erfolglos, sein Ruf war ihm vorausgeeilt. Als erfolgreich erwies sich allerdings das Studium der englischen Gartenkunst, und die Publikationen seiner Reiseberichte brachten finanziellen Gewinn.

Die Großmut seiner geschiedenen Gattin erschöpfte sich jedoch nach einer Reise des Fürsten in den Orient. Er kaufte „zum erotischen Zeitvertreib" und für sexuelle Studien auf dem Sklavenmarkt in Kairo das äthiopische Mädchen Machbuba und sinnierte freimütig: „Woher in Himmels Namen haben diese Mädchen, diese zarten, gleich einem Bildhauermodell geformten Hände und Füße, den schönsten und festesten Busen und obgleich meistens nackt den brennenden Sonnenstrahlen ausgesetzt, doch eine Haut von Atlas." Als er mit Machbuba nach Hause kam, tobte Lucie. Selbst als das Mädchen kurze Zeit später starb, blieb das Verhältnis zwischen dem Ehepaar nachhaltig gestört. Aufgrund von Überschuldung musste Muskau 1845 verkauft werden, allein das Branitzer Anwesen bei Cottbus blieb ihnen. Hier starb auch nach Jahren wilder Ehe seine „Herzens Schnucke" und Partnerin im Geiste Lucie von Pappenheim.

Sicher wurde Pückler durch die erfolgreichen Werke „Goldelse" oder „Das Geheimnis der alten Mamsell" auf die Schriftstellerin Marlitt aufmerksam. Durch ihre Worte eingenommen, wagte er 1868 seinerseits die Eroberung mit Worten. Dabei war Marlitt das pure Gegenteil des eitlen Dandys. Sie lebte nach einer erfolglosen Gesangskarriere und Jahren als Gesellschafterin einer Adeligen, von der Öffentlichkeit zurückgezogen und in aller Bescheidenheit im Kreise der bürgerlichen Familie ihres Bruders. In ihren Romanen, die als authentische Heimatliteratur gelten, nehmen bemerkenswerte Frauengestalten ihr Leben in die eigenen Hände.

Eine erfüllte Liebe in glücklicher Ehe, wie sie diese ihren Romanheldinnen auf den Leib schrieb, fand sie selbst nie. Ein Arnstädter Kaufmannssohn, ihre erste und einzige große Liebe, warb einst um die Sechzehnjährige. Doch dessen Vater war gegen die Verbindung, da das Fräulein John aus einer unvermögenden Familie stammte. Ihr Herz war und blieb gebrochen. Schlummerte hier ein spätes Mädchen und wartete nur darauf, von einem Prinzen wachgeküsst zu werden?

In den ersten Briefen pirschte sich der Gartenfürst aus Branitz mit den Worten „Schöne Unbekannte und liebenswürdigste Schriftstellerin!" heran, versuchte ihr das Geheimnis des Pseudonyms zu entlocken und lobte ihre „reizende Photographie", da er so sehr „von den holden Grübchen entzückt" sei, welche von jeher für ihn „einen besonderen Reiz hatten".

Marlitt fühlte sich zunächst geehrt, antwortete höflich und versuchte ihm die Selbsteinladung abspenstig zu machen: „Ich bin schwerhörig, einsilbig im Gespräch und körperlich so leidend, daß ich an das Zimmer gefesselt bin."

Der Galan ließ nicht locker und entgegnete: „[...] es wird mir jetzt wirklich bange mein altes Herz ganz an Sie zu verlieren," lud sie gar in sein Gartenreich ein. Marlitt ging nun zunehmend auf Konfrontation und Distanz: „Ist es denn überhaupt absolut nötig, dass wir uns persönlich kennen lernen? Ich sage entschieden: ‚Nein!'" Der Fürst zeigte sich leidend, weinte beim Lesen ihrer Briefe, trauerte, weil die Angebetete zwei Monate nicht antwortete und gestand, sich magnetisch zu ihr hingezogen zu fühlen: „Denn ich glaube beinah, ich bedürfe die letzten Jahre meines Lebens fortwährend mit Ihnen zu verleben."

Längst hatte Marlitt ihn durchschaut, je zudringlicher und leidenschaftlicher Pückler wurde, umso schroffer und streitbarer argumentierte sie und plädierte für das Ende des Briefwechsels.

Nach weiteren schriftstellerischen Erfolgen, langer Krankheit und Leben im Rollstuhl starb Marlitt 1887 unverheiratet im Kreise ihrer Familie. Oft wegen ihrer Aschenbrödelmotive geschmäht, wusste doch Gottfried Keller sie zu würdigen: „Setzt die Marlitt nicht herunter! Und dann noch eins, es lebt in diesem Frauenzimmer etwas, das viele schriftstellerische Männer nicht haben, ein hohes Ziel; und sie empfindet wahren Schmerz über die Unvollkommenheit in der Stellung der Weiber."

Und der Weiberheld Pückler, der große Landschaftsvisionär des 19. Jahrhunderts, dessen Schöpfungen heute Anziehungspunkt für zahlreiche Gartenliebhaber sind?

Er starb drei Jahre nach dem zitierten Briefwechsel. Marlitt und der verstorbene „Verstorbene" waren sich nie begegnet. Pückler ist heute in einer seiner Schöpfungen, einer Seepyramide im Park des Branitzer Anwesens neben einer seiner zahllosen Frauen bestattet: Lucie.

„Muß immer Lieben
und Täuschen so eng
denn verbunden sein?"
Marlitt

E. Marlitt

Porträt der Machbuba um 1840

„Du mußt mich lieben
oder die Erde soll
mich verschlingen!"
Pückler

Minchen Herzlieb

Verehrer hatte sie viele, ihre Schönheit faszinierte sogar Goethe. Auch der Traumprinz war dabei, doch sie bekam einen "grotesk-hässlichen Frosch", den sie nicht küssen wollte.

Erster Akt: Alle Blicke richteten sich auf die liebliche Gestalt der Pflegetochter des Hauses. Familie Frommann hatte zu ihrer legendären Butterbrotgesellschaft geladen und die geistige Elite der kleinen Universitätsstadt Jena war gefolgt. Das siebzehnjährige Waisenkind Wilhelmine Herzlieb, nur liebevoll Minchen gerufen, war Augenweide und umschwärmter Mittelpunkt des geistigen Zirkels. Kein geringerer als der bald sechzigjährige Goethe war von ihrer Schönheit angetan. Die Malerin Louise Seidler beschrieb, was den Dichter faszinierte: „Minna war die lieblichste aller jungfräulichsten Rosen, mit kindlichen Zügen, mit großen dunklen Augen, die mehr sanft und freundlich als feurig, jeden herzig unschuldsvoll anblickten und bezaubern mussten."

Ihrem Zauber erlegen, geleitete der alte Herr Geheimrat sie galant unter seinem Regenschirm nach Hause. Er widmete ihr schwärmerische Sonette, schickte ihr süße Päckchen zum Weihnachtsfest und schrieb dazu: „Mein süßes Liebchen! Hier in Schachtelwänden gar mannigfaltig geformte Süßigkeiten […]".

Nach Meinung einiger Forscher soll sogar die Figur der Ottilie in seinem Roman „Die Wahlverwandtschaften" ihr reales Vorbild in Minchen haben. Für Minchen jedoch blieb der prominente Gast aus Weimar nicht mehr als der „liebe, alte Herr". Auch den im Haus untergebrachten Studenten hatte es die „liebliche Madonna" angetan, besonders einem estnischen Adeligen. Mit der Glut der ersten Liebe im Herzen, schrieb sie 1806 ihrer Freundin Christiane Selig, die im Begriff war zu heiraten: „Ich will es Dir nicht leugnen, dass ich mir auch sehr wünsche, dass ich es erst selbst fühlen möge: es ist aber auch mein fester Entschluss, aus nichts, als aus Liebe zu heiraten, und dabei werde ich auch gewiss bleiben, und du wirst mich deshalb loben." – Wäre sie nur dieser Maxime treu geblieben!

Zweiter Akt: Es waren Standesunterschiede, die das zarte Band der ersten Liebe zerrissen. Um ihre Schwester bei den Hochzeitsvorbereitungen zu unterstützen, ließ sie den Kummer der Liebe und Jena zurück und reiste 1808 in ihre Geburtsstadt Züllichau. Dort lernte sie den schlesischen Adeligen Hans Christian Friedrich von Schweinitz kennen und verliebte sich erneut. Der Jüngling befand sich unter den Hochzeitsgästen und zeigte öffentlich seine Zuneigung. Ob sie vielleicht die nächste Braut sei, fragte sie sich bebend, brachte er ihr doch vor aller Augen Wein und ihre Lieblingsbirnen! Überglücklich berichtete sie Christiane: „Denke Dir, dass ich ihm die beiden Abende 9 Küsse gegeben habe und 4 Quadrillen mit ihm tanzte! Ich war sehr glücklich, nie werde ich wieder so glücklich sein, ach, ich wäre gern an diesem Tage gestorben!" – Prophetische Worte! Doch vorerst wurden die Küsse mehr, und eines Tages zog der Gymnasiast in einer stillen Ecke einen Verlobungsring aus der Tasche, geziert mit einem Vergissmeinnicht aus blauem Aquamarin. Nichts sollte sie fortan mehr trennen, der siebte Himmel ewig währen.

Es war die Frau Mama, die ihren Sohn auf den Boden der Tatsachen zurückholte und ihre Meinung unmissverständlich kundtat: Ein verarmtes Waisenkind ist eines Adeligen nicht würdig! Die heimlich Verlobten trafen sich weiter, aber er wurde kühler und verschlossener. Plötzlich reiste Schweinitz zum Studium nach Leipzig ab. Die Nachrichten kamen spärlicher und spärlicher, und die Worte wurden unverbindlicher. Jeder Brief riss ein weiteres Stück Hoffnung auf eine gemeinsame Zukunft aus Minchens Herzen.

Dritter Akt: Schnell machte ihr ein neuer Mann den Hof. Es war der Gelehrte Johann Gottfried Pfund, der mit seiner Gedankenakrobatik zu beeindrucken wusste, zumal sein Aufstieg aus einfachen Kreisen vielfach Beachtung fand! War er der Richtige? Das Andenken an Schweinitz verblasste, die Realität stand vor Minchen: Pfund. Im Herbst 1812 fand die Verlobung statt. Um sich als zukünftige Braut vorzustellen, fuhr sie in die liebgewordene thüringische Heimat. Vorausgeeilt war ein Brief von Schweinitz, der sie kurz nach ihrer Abreise in Züllichau verfehlte, und ihr nun hinterher reiste. Er hatte sich gegen die Mutter durchgesetzt und wollte aus der Verlobung einen Heiratsantrag machen. In Jena angekommen erfuhr er jedoch, dass seine Verlobte bereits einem anderen versprochen war. Am Boden zerstört, reiste er Hals über Kopf ab: „Der schönste Traum meines Lebens ist mir, ich will nicht richten durch wessen Schuld, auf ewig gestört worden, denn mein Glaube an die Treue eines Mädchens ist auf immer gestört, also ist mir mein künftiges Schicksal sehr egal."

Eine Legende besagt, dass er sich als Soldat zu den Befreiungskriegen gegen die napoleonische Fremdherrschaft meldete und in den Gefechten umkam. Die Ereignisse überschlugen sich, denn plötzlich stand ihr Verlobter Pfund vor der Tür. Doch Minchen, von den Erlebnissen stark mitgenommen, erkannte in ihrer Liebe nur Zuneigung und erbat Aufschub für die Hochzeit. Das verlobte Paar stellte sich Goethe in Weimar vor, der notierte: „Gestern habe ich Minchen wiedergesehen. Sie ist nun eben um ein paar Jahre älter. An Gestalt und Betragen usw. aber immer noch so hübsch und so artig, dass ich mich gar nicht übel nehme, sie einmal mehr als billig geliebt zu haben." Auch Pfund wurde zu den Befreiungskriegen einberufen und der erhoffte Aufschub war erreicht. Ein Jahr später erhielt er von seiner Braut ein deutliches „Nein!", denn Achtung und Respekt waren ihr zu wenig für eine Ehe.

Letzter Akt: Minchen wurde älter, doch ihre feinen kindhaften Gesichtszüge trugen ihr noch immer die Herzen zu. Ein Verehrer zeigte sich besonders zudringlich. Bereits zwei schriftliche Heiratsanträge hatte der angesehene Professor Karl Wilhelm Walch bei ihren Pflegeeltern eingereicht. Nun lag ein dritter des 45-jährigen Jenaer Juristen vor. Mit ihren 32 Jahren galt Minchen bereits als „alte Jungfer" und als Waisenkind benötigte sie dringend eine finanzielle Absicherung, die nur in eine Heirat münden konnte, wollte sie nicht länger den Frommanns zur Last fallen. Zur Freude der Pflegeeltern willigte sie in die gute Partie ein und entschied sich 1821 für eine Vernunftehe.

Das ungleiche Paar war nun geeint, doch die Hochzeitsnacht fand in getrennten Schlafzimmern statt. Bei der ersten intimen Berührung Walchs soll es Minchen eiskalt den Rücken heruntergelaufen sein. Fortan verweigerte sie jegliche körperliche Annäherung. Sein Wesen und Aussehen widerten Minchen zunehmend an. Es waren nicht nur die Fistelstimme, der verwachsene, gnomhafte Rücken, die abgrundtiefe Hässlichkeit oder die unbeholfene linkische Art sich zubewegen, nein, dazu kam noch seine fast hündische Unterwürfigkeit. Später schrieb sie: „Es ist schrecklich, aber wenn ich in meiner Stube arbeite und Walchs Stimme nur im Hausflure höre, auch wenn ich gewiß weiß, dass er nicht zu mir eintreten wird, so zittere ich schon am ganzen Körper."

Er, blind vor Liebe, betete seine schöne Frau an und hoffte auf einen Gesinnungswandel im Laufe der Zeit. Doch jeder weitere Monat entfernte das ungleiche Paar voneinander. Schließlich richtete er des Friedens willen sogar eine separate Wohnetage für seine Frau im großen Haus am Eichplatz ein. Als selbst dies nicht half, blieb ihr nur die Flucht zu ihrem Bruder.

Viereinhalb Jahre blieb sie ihrem Mann und Jena fern. Ihre Pflegemutter Johanna Frommann schrieb der Hofrätin Fischer kopfschüttelnd: „Nicht weit von unserem Hause könnte Minchen in der größten Gemütlichkeit leben, wenn sie sich an ihren Mann gewöhnen könnte. Geachtet von Allen! Kein Mensch begreift es!"

Das Leben geriet zu einem Pendeln zwischen Flucht und Rückkehr, Scham und Ekel, Pflichtgefühl und Wahnsinn. Diese Belastungen zehrten an ihrer seelischen Gesundheit. Goethes Leibarzt diagnostizierte „hitziges Nervenfieber" und empfahl die Einweisung in eine Anstalt. Als Walch 1853 starb, kam sie zur Beerdigung wieder nach Jena. Ihre letzte Pflicht war getan! In seiner unendlichen Liebe und Großmut hatte Walch ihr testamentarisch ein finanziell unbeschwertes Leben als Witwe gesichert. Viel Geld floss jedoch in den nächsten Jahren in die Geldbörsen ratloser Ärzte. Geistig umnachtet, fern von Heimat und Geschwistern verstarb Minchen Herzlieb 1865 in einer Görlitzer Nervenklinik. Die erfüllte Liebe hatte sie nie gefunden und der obduzierende Arzt schrieb das Resümee ihres Lebens auf sein Aktenblatt: „Die großen Adern am Herzen sind verknöchert!"

Noch nicht mal Liebe
auf den
zweiten Blick

Ottilie von Goethe

Der Name ihres Schwiegervaters Johann Wolfgang von Goethe öffnete ihr so manche Tür. Aber in der unglücklichen Ehe mit seinem einzigen Sohn August blieb ihr Herz verschlossen. Den Schlüssel bekamen andere.

Hastig suchten die flinken Schritte und Augen der Mädchen das hohe Gras ab. In kleinen Böen trieb der Wind den fernen Lärm der Residenzstadt Weimar herüber. Die friedliche Stille an den Ufern der Ilm wurde nur durch schmerzvolle Klagelaute zerrissen. Plötzlich stand er vor ihnen, hilflos, Blut strömte aus mehreren Wunden. Doch trotz des erschreckenden Anblicks erkannten die beiden jungen Mädchen sofort, dass ein schöner Mann vor ihnen stand, mit lockigem, dunklem Haar, einem Backenbart nach neuester Mode, dazu ein schmaler Oberlippenbart und sehnsuchtsvolle Augen, deren Blick beiden tief in die Herzen drang. Die Freundinnen Ottilie von Pogwisch und Adele Schopenhauer nahmen sich des angeschossenen Offiziers Ferdinand Heinke an und pflegten ihn aufopferungsvoll gesund. So erzählt es zumindest die Legende über die erste Begegnung.

Wir schreiben das Jahr 1813, es ist der Beginn der Freiheitskriege gegen die napoleonische Fremdherrschaft. Von Patriotismus beseelt, hatten die Freundinnen den „Orden der Hoffnung" in Weimar gegründet, um Kriegsinvaliden und Soldatenwitwen zu helfen. Der von ihnen „gefundene" Soldat Ferdinand Heinke war ein solcher Freiheitskämpfer und wenige Tage nach der Völkerschlacht von Leipzig auf der Suche nach einem Quartier für seinen Kommandanten in der Stadt. Daher ist als Ort des ersten Zusammentreffens – und damit deutlich unromantischer – der Salon von Adeles Mutter Johanna Schopenhauer anzunehmen.

Heinke, gutaussehender Sohn eines Breslauer Pelzhändlers, hatte es den beiden Mädchen angetan, zudem befand er sich in den besten Mannesjahren, und alle Drei waren in heiratsfähigem Alter. Adele erkannte die Schwierigkeit der Situation und schrieb ihrer Freundin vermittelnd: „Wir sind wirklich in einer traurigen Lage, denn fast liegt´s am Tage, dass wir beide eine und dieselbe Person lieben – ja, liebe Ottilie, ich glaube fast, dass ich ihn liebe.

„Ich habe fünfzehn Jahre mit meinem Schwiegervater zusammengelebt, mit einem warmen, jungen, törichten Herzen, mit einer großen Dosis Phantasie und ebensoviel Unvernunft ...“

Ottilie

[…] Ich werde alles tun, um zu erforschen, ob er dich liebt, es wird mir ja wohl gelingen – und werde es Dir treu berichten.“ Sie hielt ihr Wort und überließ der Freundin das Feld.

In der Silvesternacht 1813/14 gestanden sich Ottilie und Heinke ihre Liebe, obwohl er verlobt und von bürgerlicher Abstammung war. Den Fakten zum Trotz, ihr Herz stand in Flammen, süße Worte und kleinste Berührungen schürten das Feuer, Geschenke buhlten um die Gunst des Liebhabers, so dass sie blind vor Liebe nicht erkannte, dass es für ihn nur ein Flirt war. Im Sommer 1814 war das bildschöne Mannsbild verschwunden und das Herz von Ottilie mit ihm. Es war ein Wunder, dass sie am Liebeskummer nicht zerbrach oder gar den Freitod wählte, wie so viele unglücklich Verliebte ihrer Generation, die den „Werther“ gelesen hatten. Als sie 1815 von der Heirat Heinkes erfuhr, gestand sie voller Verzweiflung ihrer Mutter: „Nie ist mir ein Mann so lieb gewesen wie er, und schwerlich wird es ein anderer werden.“ Selbst nach Jahrzehnten sinnierte sie über mögliche Wege an seiner Seite und gedachte in der Silvesternacht 1854 voller Sehnsucht jenes denkwürdigen Tages ihrer Jugend: „Nach 41 Jahren weinte ich noch, wie in der Nacht, Tränen der Liebe.“

Im Salon der Schopenhauer hatte ihr aber durchaus ein Anderer schmachtende Blicke zugeworfen: August von Goethe, der einzige Sohn des Dichterfürsten und Hofbeamten Johann Wolfgang von Goethe. Nicht nur die charmanten Plaudereien der jungen Dame gefielen ihm, auch ihre phantasievoll zusammengestellte Kleidung. Beharrlich, aber plump waren seine Annäherungsversuche. Immer stand er im Schatten seines Vaters und war sich seiner unbedeutenden Erscheinung bewusst. Voller Eifersucht zog er sogar ein Duell mit seinem Rivalen Heinke in Erwägung. Als Ehekandidat kam er für Ottilie jedenfalls nicht in Betracht, zudem haftete an ihm der Makel des unehelichen Kindes. Gegenüber ihrer besten Freundin gestand sie: „Goethe ängstigt mich!“

Dennoch berührten sie diese unromantischen Begegnungen, denn August blieb hartnäckig und drängte auf Verlobung, während sie versuchte, ihn auf Abstand zu halten. Die Zeit spielte gegen sie: 1815 war Heinke nach seiner Heirat unerreichbar und im Jahr darauf starb Christiane, Goethes Ehefrau. August war der einzige Erbe! Für ein Spiel war es mittlerweile zu ernst! Ja oder Nein? Erneut wurde eine Silvesternacht ein bedeutsames

Datum in Ottilies Biografie, sie verlobte sich mit August von Goethe. Der künftige Schwiegervater zog während der Verlobungszeit die Braut einmal ins Vertrauen und orakelte: „Höre Ottilie, ich sage dir eins – mein Sohn will immer gern gelobt sein, da musst du nichts widersprechen, wenn du Lust hast zum Zanken – so komm zu mir, zanke mit mir, ich kann's ertragen."

Das Trauerjahr für Christiane von Goethe war gerade vorüber, als am 17. Juni 1817 die Hochzeit stattfand. Aus dieser glücklosen Verbindung gingen zwei Söhne und eine Tochter hervor. Goethes Enkel blieben selbst kinderlos und übergaben nach ihrem Tod das literarische Erbe ihres berühmten Großvaters durch eine Schenkung der Nachwelt. Mit der Heirat zog das junge Paar in die Mansardenwohnung des Schwiegervaters am Frauenplan ein. Fortan lebten sie dort eher neben-, als miteinander. Bereits kurz nach der Trauung gab es Spannungen, Streit lag in der Luft und wurde von Ottilie entgegen des wohlgemeinten Rates ihres Schwiegervaters offen ausgetragen. Sogar von Scheidung war die Rede. August hielt seine Frau finanziell an der kurzen Leine, obwohl sie gern repräsentierte und edle Kleidung ihr sehr wichtig war. Manchmal musste er ein Monatsgehalt verpfänden, um ihren Lebensstil zu finanzieren.

Während August Zuflucht im Alkohol suchte, flüchtete sich Ottilie in ihre Affären. Zeitlebens bestand sie auf ihrem Recht auf Liebe und suchte sie. Mal hatte es ihr ein Kunstreiter angetan, mal war es der Sohn eines englischen Konsuls und wieder ein anderes Mal ein Übersetzer, der als Besucher im berühmten Haus weilte. In ihren Liebesbriefen bettelte sie darum, was sie in ihrer Ehe nicht fand: Liebe. Der Mutter schrieb sie über ihren Ehemann: „[…] sieben Jahre lang habe ich mich ungeliebt gesehen, stets getadelt, stets verletzt: nun hängt nichts mehr von ihm ab; er mag sein, wie er will, es kann mich zwar noch peinigend, nicht mehr aber erfreuend berühren."

Der kränkliche August brauchte 1830 dringend Erholung und Ruhe und reiste nach Italien. Es war eine Flucht vor sich selbst, vor seinem Vater und seiner Frau. Ottilie schrieb an Adele: „Wenn ich mir denke, dass ich August nicht wiedersehen könnte, so empfinde ich auch nicht die leiseste Bewegung."

Die Hoffnung stirbt zuletzt und Ottiliens Mann starb zuerst. Durch eine Pockenerkrankung fand August im selben Jahr den Tod in Rom. Ottilie an Adele: „Denn auch ich beklage mehr die Art unseres Zusammenlebens wie seinen Tod. Wir waren gewiß beide grenzenlos unglücklich; und was mir eine entsetzliche Empfindung gibt, ist der Gedanke, dass er gleichsam für uns, oder für mich, gestorben ist."

Der Dichterfürst Goethe änderte daraufhin sein Testament. Die Enkel waren nun die Haupterben, Ottilie blieb lediglich eine Leibrente, mit der Bedingung sich nicht wieder zu verheiraten. Ihres Lebensmittelpunktes beraubt, begann die Witwe nach dem Tod ihres Schwiegervaters 1832 ein unstetes Leben jenseits der engen Weimarer Verhältnisse. Doch Kritik und Verleumdungen folgen ihr bis nach Wien und Italien nach, ebenso ihre Depressionen. Als ihre einzige Tochter Alma starb, ging sogar das Gerücht um, sie habe diese getötet, um an den Erbteil zu gelangen. Schwanger kehrte sie 1834 von einer Reise nach Weimar zurück, fuhr sogleich nach Wien weiter, um ihre Schwangerschaft als Bildungsreise vor dem Thüringer Publikum zu verbergen. In Österreich brachte sie eine uneheliche Tochter zu Welt, im Geburtsregister ist ein britischer Offizier, ein gewisser „Captain Story" vermerkt, der ihr in Frankfurt sogar einen Antrag gemacht haben soll, ihn dann aber wieder zurückgezogen hatte. Welch eine Schmach! Die Idee, die Tochter als Cholerawaise auszugeben und sie damit im Weimarer Haushalt unterzubringen, kam nicht mehr zur Umsetzung. Kurz zuvor in Pflege gegeben, starb das Kind in Wien an Auszehrung. Das unstete Leben beschleunigte sich. Oft öffnete ihr Name Türen, doch in Weimar blieben sie geschlossen. Schließlich starb sie dort, im Haus ihres berühmten Schwiegervaters. Mit ihm hatte sie einst die Zeitschrift „Chaos" herausgegeben. Der Titel wäre auch passend für ihr ganzes Liebesleben gewesen.

„Ich wünsche Dir, mein lieber Freund,

Ein Mädchen, das Dir schön erscheint;

Ein Auge, das sich zu Dir wendet

Und süßen Flammenblick Dir spendet;

Ein Köpfchen, was Dir freundlich nickt,

Ein Händchen, das die Deine drückt,

Ein sanftes Lächeln, heitres Scherzen

Und etwas Schalkheit in dem Herzen;

Und wenn Dich dieses hoch beglückt,

So rufe freudig und entzückt:

„Ihr nun verdanke ich es ja,

Der geliebten Tante Ottilia!"

Gedicht von Ottilie von Pogwisch
für Ferdinand Heinke

Ferdinand Heinke 1813

August von Goethe

Franz Liszt

Er avancierte vom Wunderkind zum umschwärmten Maestro.
Die Musikwelt stand Kopf; die Damenwelt lag ihm zu Füßen.

Tränengetränkte Taschentücher bevölkerten den Berliner Bahnsteig. Die schluchzenden Besitzerinnen verabschiedeten ihren angehimmelten Klavierhelden Franz Liszt. Wahre Tumulte spielten sich ab. Plötzlich bahnte sich durch die Menge der Konkurrentinnen eine weitere schreiende Dame den Weg. Als der Zug anfuhr, raffte sie die Röcke, rannte, nein stolperte mehr in ihren Schühchen hinterdrein und schrie: „Oh mein Liszt, wie kannst Du mir das antun? Gib mir mein Herz wieder, Grausamer!" Endlich erlöste die arme Wahnsinnige eine Ohnmacht. Schnell sprangen die Umstehenden herbei. Doch vor ihnen rappelte sich ein grinsender Student empor, der mit seiner gekonnten Verkleidung den Kult der Damenwelt um den großen Liszt persifliert hatte.

Früh erkannte Adam Liszt das Talent seines einzigen Sohnes, förderte und trieb es mit aller Härte zu Spitzenleistungen. Doch als 1827 ein gastrisches Fieber das Leben des Vaters beendete, stand dem Jungen die Verzweiflung ins Gesicht geschrieben. Wie weiter? Ihre Beziehung war ambivalent, aber eine Versöhnung fand noch in den letzten Stunden statt: „Auf dem Totenbett [...] sagte mir mein Vater, dass ich ein gutes Herz und Verstand besäße, aber dass er fürchte, dass die Frauen mein Leben verwirren und mich beherrschen würden." – Prophetische Worte für den Fünfzehnjährigen, der bis dato keine Ahnung von Frauen hatte und sogar seinen Beichtvater bat, ihm das sechste Gebot zu erklären, weil er fürchtete, es unbewusst übertreten zu haben.
Fortan ging der junge Franz Liszt seinen eigenen Weg, schließlich feierte ihn die Gesellschaft als neuen Mozart. Dem aufstrebenden Wunderkind öffnete sich so manche europäische Salontür, wie auch die des französischen Handelsministers, der ihm seine Tochter Caroline de Saint-Cricq für Klavierstunden anvertraute. Der Unter-

richt des Siebzehnjährigen ging aber wohl weit über das reine Notenlesen hinaus, zumal „das Mädchen mit dem Goldhaar und der Porzellanhaut" geschickt ihre Reize auch außerhalb des Musikzimmers auszuspielen wusste. Als der Vater dem verliebten Pärchen auf die Schliche kam, verwies er den Liebhaber auf der Stelle des Hauses. Das jähe Ende dieser ersten leidenschaftlichen Liebe stürzte Liszt in eine tiefe Krise. Er vergrub sich in Bücherwelten, sah in Goethes Werther sein eigenes Unglück gespiegelt, trug fortan lange Haare und schwarze Kleidung. Er rebellierte gegen die aristokratische Welt, die ihn so fasziniert, aber verstoßen hatte. Seinen Entschluss Priester zu werden setzte er dennoch nicht in die Tat um, nahm seine vorgeschriebene Laufbahn wieder auf und suchte erneut die erlesenen Kreise. Fortan eroberte er die Damen mit Rang und Geld reihenweise, um sich dann leise – mal schnell, mal langsam – wieder von ihnen zu verabschieden.

Zu Beginn des Jahres 1833 geriet Liszt in einem Pariser Salon in den Dunstkreis der reichen verheirateten Marie d'Agoult. Ihre extravagante Erscheinung faszinierte ihn sofort, und wie zu erwarten, war auch sie schnell entflammt. Sie stürzten sich in ein leidenschaftliches Verhältnis, das nicht ohne Folgen blieb. Im Sommer 1835 war sie schwanger. Ungeachtet der gesellschaftlichen Konsequenzen sagte Marie: „Ich liebe dich und steige herab!" Kurzerhand verließ sie ihren fünfzehn Jahre älteren Mann und floh mit Liszt nach Genf. Gerüchte machten die Runde, er habe sie in einem Flügel versteckt entführt. Während ihn die Öffentlichkeit als virtuosen Künstler feierte, zerrann sein privates Glück in Zwistigkeiten und Spannungen. Auch die drei gemeinsamen Kinder vereinten das Paar nicht, im Gegenteil. Marie fühlte sich abseits der Gesellschaft, schwieg, begehrte auf, war eifersüchtig angesichts seiner zahlreichen Affären. Nach einem Techtelmechtel mit einer koketten Tänzerin, fasste sie 1844 den schweren Entschluss ihn zu verlassen, obwohl sie immer noch Liebe für ihn empfand.

Liszt erhöhte das Arbeitspensum, und auf seinen Konzertreisen durch ganz Europa bewegte er sich in den Kreisen der Reichen und Schönen. „Das ganze weibliche und aristokratische Publikum ist überall für mich, und zwar glühend und heftig." Selbst vom strengen russischen Winter 1847 ließ sich der Rastlose nicht aufhalten und reiste im Hundeschlitten zu einem Wohltätigkeitskonzert nach Kiew. Dort traf er auf eine der reichsten Frauen der Ukraine, die dunkelhaarige, ausdrucksstarke Schönheit Carolyne Fürstin von Sayn-Wittgenstein. Mit siebzehn war sie verheiratet worden. Schon lange lebte die Adelige mit ihrer Tochter von ihrem Mann getrennt. Hals über Kopf verliebten sie sich und wollten zusammen leben. Schnell stand das Wort Scheidung im Raum. Das Vermögen transferierte man ins Ausland und beschloss, gemeinsam nach Weimar zu gehen, wo Liszt eine Stelle als Komponist und Kapellmeister angeboten bekommen hatte.

Hier begann eine der schaffensreichsten Zeiten des Stardirigenten. Er hatte die Vision, dieser Stadt neuen künstlerischen Glanz zu verleihen. In Carolyne hatte er Muse und Ansporn zugleich. Seinen Hang zu amourösen Ausflügen fürchtend tat sie alles, um Kontrolle über ihn zu haben. Selbst beim stillen Gebet wich sie nicht von seiner Seite. Mit den Worten „Liebe ist kein Ding, das zur Alltäglichkeit werden darf. Man muß die Liebe, wie sie einem

andauernd begegnet, zu etwas Rarem hinaufadeln." beschwor sie die Besonderheit ihrer Verbindung. Der Alltag sollte ihre Liebe nicht ersticken, zumal sie selbst keine alltägliche Erscheinung war. Besucher des offenen Hauses verglichen sie mit einer Fee aus Tausendundeiner Nacht, die mit goldenen Schuhen und in teuren Seidenkleidern durch ihre Villa zu schweben schien. Den überirdischen Anblick glättete aber oft die im Mundwinkel hängende Havanna-Zigarre. Liszt war ebenfalls nikotinsüchtig und sie meinte einmal: „Du brauchst mich wie deine Zigarre zu Deinem persönlichen Wohlbefinden."

Ein Dorn in der mittlerweile offen gelebten Beziehung blieb die fehlende Annullierung der Ehe. Die Fürstin litt unter Angstzuständen, denen depressive Schübe folgten, immer wieder ausgelöst durch die Liebschaften des Casanovas Liszt. Sie wollte endlich klare Verhältnisse schaffen und hielt eine Heirat für unumgänglich. Daher reiste Carolyne 1860 höchstpersönlich nach Italien und erreichte, dass Kardinäle und Papst ihrer Scheidung zustimmten. Der sehnlichste Wunsch der exaltierten, nicht mehr ganz jungen Braut war es, an Liszts 50. Geburtstag am 22. Oktober 1861 die Hochzeitsglocken in Rom läuten zu lassen. Liszt ließ es brav geschehen. Der Altar der Kirche war bereits vorbereitet, ein Brautkleid mit 1000 Diamanten genäht und die Gästeliste durchnummeriert, als am Vorabend der Trauung der Papst nach einer Intrige der russischen Verwandten die Erlaubnis zurückzog. Eine von vielen Seiten angefeindete Beziehung lag in Scherben.

Gedemütigt und resigniert zog sich die hochmütige Fürstin aus der Öffentlichkeit und von Liszt zurück. Selbst als ihr Ehemann drei Jahre später verstarb, nahm sie keinen neuen Anlauf zur Verheiratung. Gekränkt vergrub sich auch Franz Liszt in Einsamkeit. Die Ruhe und Abgeschiedenheit eines italienischen Klosters kamen seinem Schaffen zugute. Hier vollendete er das erfolgreichste seiner geistlichen Werke „Die Legende von der heiligen Elisabeth". Man sah ihn nun auf den Straßen Roms in geistlicher Kleidung und mit Tonsur herumlaufen. Er empfing sogar verschiedene religiöse Weihen, gleichwohl nahm er eine weitere nicht mehr an, da sie Zeit und vor allem das Zölibat gefordert hätte. Erneut stürzte er sich ins Leben, denn man verlangte nach ihm, und genoss wieder die Freuden der Liebe. Er konnte weder einer polnischen Nymphomanin in Männeranzügen, die ihn an Marie und Carolyne erinnerte, noch einer leidenschaftlichen Affäre mit der stets in dunkle Stoffe gehüllten Baronin von Meyendorff – nur kurz als „schwarze Katze" tituliert – widerstehen.

Das unstete Leben als Kosmopolit beendete er bis ins hohe Alter nicht, obwohl diverse Beschwerden wie Wasser- und Alkoholsucht, die nachlassende Sehkraft und Depressionen es erschwerten. Seine letzte innige Beziehung zu seiner 53 Jahre jüngeren Schülerin Lina Schmalhausen beschränkte sich wohl mehr auf eine liebevolle Krankenpflege, befeuerte aber trotzdem die Gerüchteküche. Als Franz Liszt 1886 in Bayreuth mit einer Lungenentzündung darnieder lag, ließ seine Tochter Cosima Wagner die Elevin nicht mehr in das Krankenzimmer. Lina kam trotzdem heimlich, um ihn zu pflegen. Qualvoll und einsam starb der einst gefeierte Star, dem wenige Monate später Carolyne von Sayn-Wittgenstein in ihrem römischen Exil nachfolgte. Die Musik sollte beide im Tod ein letztes Mal einen, als Liszts „Requiem" zu ihrer Trauermesse erklang.

Karikatur Franz Liszt 1842

RHAPSODIEN
von
LISZT

Rhapsodien von Liszt

„Meine Herren,
bitte spielen sie
doch etwas blauer.“

Liszt

„Die Liebe ist das leuchtende
Frührot jedes Herzens.“

Liszt

*Carolyne zu Sayn-Wittgenstein
mit ihrer Tochter Marie, um 1840*

Vom Schwerenöter zum politischen Schwergewicht

Otto von Bismarck

Die Bismarck zugeschriebene Handlungsmaxime „Zuckerbrot und Peitsche" galt nicht für seine Beziehung zu Frauen im Allgemeinen und schon gar nicht für seine Ehefrau im Besonderen.

Das 19. Jahrhundert war Bismarcks Jahrhundert. Als er geboren wurde, brauchte man mit der Postkutsche manchmal Tage, um in den vielen deutschen Kleinstaaten an ein Ziel zu gelangen. Als er starb, gab es im Deutschen Reich 50.000 km Eisenbahnverbindungen. Vor allem in der zweiten Hälfte des 19. Jahrhunderts schuf Bismarck mit seiner „Revolution von oben" die entscheidenden politischen Voraussetzungen für eine rasante technische und kulturelle Entwicklung. Das Telefon kam auf, die Anzahl der Zeitungen stieg von 1500 auf 4000 Stück. Es galt Schulpflicht, Autos wurden konstruiert und Otto Lilienthal machte seine ersten Flugversuche.

In seinen jungen Jahren fand Bismarck kein befriedigendes Ziel. Mit verschiedenen Versuchen, im Staatsapparat seinen Weg zu machen, scheiterte er mehrmals unrühmlich. Er schmiss alles hin, arbeitete dann aber erfolgreich als Landjunker auf den Gütern der Familie. Als diese saniert waren, wurde ihm erneut langweilig. Er genoss zwar die Jagden, üppige Gelage, trank seine Freunde in aller Ruhe unter den Tisch und hatte amouröse Abenteuer, zu innerer Ruhe gelangte er jedoch nicht und sah weder Sinn noch Perspektive für sein Leben. Er vergrub sich in Bücher oder veranstaltete wilde nächtliche Ausritte. Kurzum, er war der berüchtigte „tolle Bismarck". An einen Freund schrieb er 1835: „Mein Leben ist wirklich etwas kläglich bei Lichte besehen. Am Tage treibe ich Studien, die mich nicht ansprechen, abends affektiere ich in den Gesellschaften des Hofes und der Beamten ein Vergnügen [...]".

Bismarck zog sich auf das Landgut Schönhausen bei Magdeburg zurück, wo er geboren worden war. Sein Jugendfreund Moritz von Blankenburg und dessen Frau Marie, geborene von Thadden, diskutierten dort lange Zeit mit Bismarck religiöse Fragen und hofften, er könne durch den Glauben zu innerem Halt finden. Das Ergebnis: Bismarck fühlte sich zu Marie hingezogen, die eigentlich erhoffte mäßigende Wirkung blieb aus.

Bei den verschiedenen Amouren der vergangenen Jahre hatten ihn zwei Niederlagen besonders schwer getroffen. In Aachen, als er wieder mal an einer Diplomatenlaufbahn arbeitete, die ihn längst langweilte, begann er eine leidenschaftliche Affäre mit der Tochter eines englischen Geistlichen und beschloss, sie zu heiraten. In einem Brief schrieb er von „einer jungen Britin von blondem Haar und seltner Schönheit". Er reiste ihr durch halb Europa nach, machte riesige Schulden, verlor obendrein am Spieltisch 1.700 Taler und verlobte sich mit ihr. Die berufliche Laufbahn interessierte ihn nicht mehr. Doch dann war es aus mit den Heiratsplänen. Bismarck meinte später, sie sei ihm „von einem einarmigen Obristen mit 50 Jahren, 4 Pferden und 15000 rl Revenuen wieder abgejagt" worden. 1841 verliebte er sich heftig in Ottilie von Puttkamer, sie wurden schnell ein Herz und eine Seele. Doch deren Mutter wies ihn mit beleidigenden Argumenten kalt zurück. Schwer kränkte ihn die schnelle Abkehr der jungen Frau, die zur Mutter und nicht zu ihm hielt.

Das Ehepaar Blankenburg hielt Johanna von Puttkamer, eine enge Freundin des Paares, Tochter eines Landedelmannes aus Reinfeld in Hinterpommern, für die am besten geeignete Frau für Bismarck und arrangierte ein Zusammentreffen. Bismarck roch den Braten, verhielt sich den Bemühungen gegenüber reserviert und reagierte bei der ersten Begegnung mit der jungen Dame kühl. Es brauchte einige „zufällige" Arrangements und eine romantische Harzreise, bis in Bismarck Gefühle für Johanna entstanden. Sie war keine elegante Frau, aber lebenszugewandt und mit „sprechenden blauen Augen".

Als Bismarck sich auch ihrer Zuneigung gewiss war, schrieb er seinen berühmten Werbebrief, ein Meisterwerk der Diplomatie, an Johannas Vater, wohl wissend, dass es damit nicht getan war. Besaß er doch nicht den besten Ruf; „viel Übles und wenig Gutes" hatten Johannas Eltern von ihm gehört. Sein erster Eindruck beim Antritts-Besuch in Reinfeld war zwiespältig: „[...] keine ungünstige Stimmung, aber Neigung zu weit aussehenden Verhandlungen". Doch es kam anders. Johanna ging ihm entgegen, er schloss sie in seine Arme und sie legte ihren Kopf an seine Brust. Die Eltern waren sprachlos vor Staunen angesichts dieser entwaffnend eindeutigen Szene. Binnen fünf Minuten geriet „alles in seine Richtigkeit".

Später schrieb Bismarck an seinen Bruder: „Im übrigen glaube ich ein großes und nicht mehr gehofftes Glück gemacht zu haben, indem ich, ganz kaltblütig gesprochen, eine Frau von seltnem Geist und seltnem Adel der Gesinnung heirate, dabei liebenswürdig sehr und facile à vivre wie ich nie ein Frauenzimmer gekannt habe."

Nach 47 Jahren Ehe in tiefer Verbundenheit, Liebe, Treue und immerwährender gegenseitiger Fürsorge starb Johanna von Bismarck. Sie ließ einen einsamen, des Lebens überdrüssigen alten Mann zurück. Das letzte Gebet auf seinem Sterbebett war: „Gib, daß ich meine Johanna wiedersehe."

Johanna von Bismarck

„Ich weiß nicht, wie ich das früher
ausgehalten habe ... ohne Dich, ohne
Kinder – ich wüßte doch in der Tat nicht,
warum ich das Leben nicht ablegen
sollte wie ein schmutziges Hemd."
Bismarck

„Du bist der Anker
an der guten Seite des Ufers."
Bismarck

Otto von Bismarck 1834

Eine
bühnenreife
Ehe

Georg von Sachsen - Meiningen

Er führte sein kleines Meininger Theater und die Hofkapelle zu Weltruhm.
In seinem Liebesleben übernahm er selbst die Regie, wählte den Affront und
besetzte kurzerhand die Hauptrolle mit seiner Hofschauspielerin.

Kopfschütteln und Schulterzucken erzeugte ihr dringlicher Wunsch. Erst der dritte Juwelier konnte ihn erfüllen und schmiedete in aller Eile der Hofschauspielerin Helene Franz zwei Trauringe. Mit diesen in der Tasche fuhr sie im furchtbarsten Schneesturm am 18. März 1873 nach Bad Liebenstein, wo Herzog Georg II. von Sachsen-Meiningen sehnlichst auf sie wartete. In seiner „Villa Feodora" hatte er in einer Zimmerecke bereits den schlichten Traualtar hergerichtet. Mangels eines Hochzeitskleides betrat die Braut im schwarzen Theaterkostüm der Emilia Galotti aus Lessings gleichnamigem Stück den von Kerzen erhellten Raum. Jetzt sollte es schnell gehen! Der eilends herbeigeschaffte Pfarrer traute die Liebenden, während Helene unter strömenden Tränen kaum ein „Ja!" herausbrachte, schallte es bei Georg laut, fest und triumphierend durch den kleinen Raum. Anschließend gingen beide daran, erklärende Briefe an Freunde und Familie, beziehungsweise an das Meininger Ministerium zu schreiben. Spät am Abend brachten noch zwei befreundete Theaterkolleginnen unter ihrem Fenster das Ständchen „Drum, wenn ein Herz du hast gefunden!" zu Gehör. Die übereilte, bühnenreife Hochzeit machte sie zu Mann und Frau und den Skandal perfekt!

Vorgeschichte: Seine erste Ehe ging der damalige Erbprinz von Sachsen-Meiningen 1850 mit einer preußischen Prinzessin ein. Als seine innig geliebte Charlotte – zärtlich Lolo genannt – nach knapp fünf Ehejahren an den Folgen der vierten Geburt verstarb, versuchte er seine tiefe Trauer mit Reisen zu betäuben. Aus Florenz schrieb er seiner Mutter in der Neujahrsnacht 1855/56: „Lolo und ich waren so verwachsen zusammen, so einig in unseren Freuden und Ansichten, wie es sicher selten ist, darum war es mir, als risse man mich in Stücke, als sie von mir schied; wir liebten uns sehr!"

Ein Jahr nach ihrem Tod schickte er aus Rom ein einziges Veilchen für ihr Grab in Meiningen. Der Schmerz saß so tief, dass er für die Trauerarbeit von Künstlern Bilder und Marmorskulpturen seiner Lolo schaffen ließ und sogar in Italien an einer spiritistischen Sitzung teilnahm, um wieder die Nähe ihres Geistes zu spüren.

Diesem Kummer waren die unsteten Zeiten geschuldet, denen langsam aus Pflichtgefühl gegenüber Land und Familie planvolle Reisen zur Brautschau wichen. Eine anvisierte Heirat in den englischen Adel schlug fehl, weil sich bei näherer Begutachtung die Kandidatin als „enorm dick, ganz kolossal dick" herausstellte, wenig Kultur und keine Tischsitten zeigte und rein gar „nichts anziehendes" hatte. Schließlich fand Georg II. mit Feodore zu Hohenlohe-Langenburg 1858 seine zweite Ehefrau. Näher kennengelernt hatten sie sich am Tisch des späteren Kaisers Wilhelm I. in Berlin. „Sie hat ein Äußeres, um einen konfus zu machen. Sie hat eine selten schöne große Gestalt und einen recht schönen Kopf, ungeheure Augen, etwas gebogene Nase, schönen Mund und herrliche Zähne. […] Ich glaube, sie könnte mir gefährlich werden", berichtete er verschwörerisch an die Eltern in Meiningen. Diese willigten voller Freude in die Hochzeitspläne ihres Sohnes mit der deutlich Jüngeren ein.

Wenige Jahre später kam Georg in der Zeit des deutsch-österreichischen Krieges 1866 an die Regierung, da sein Vater unter Druck der Preußen den Thron räumen musste. Völlig unverhofft spielte ein Zufall ihm die politische Macht zu, und ebenso unverhofft brachte ihm der Tod seiner Gemahlin die Selbstbestimmung in der Liebe. Feodore verstarb 1872 an Scharlachfieber.

Damit war der Weg frei, seine Geliebte, die Hofschauspielerin Helene (Ellen) Franz zu ehelichen, mit welcher ihn bereits vier Jahre Heimlichkeit verbanden. Attacken und Anfeindungen aus der Familie führten zu einer überstürzten Heirat, mit der vollendete Tatsachen geschaffen wurden. Zwar sollte das mit der Hochzeit verliehene Adelsprivileg „Freifrau von Heldburg" die ersten Wogen der Empörung glätten, doch mit dieser morganatischen Ehe bot er dem deutschen und europäischen Hochadel und der eigenen bestürzten Familie die Stirn.

Demütigungen und Kränkungen folgten. Nicht nur, dass der Vater fortan kein Wort mehr mit ihm wechselte, nein, er sprach seinem Sohn sogar die Regierungsfähigkeit ab und bat seinen „Erbfeind" Kaiser Wilhelm I. die Ehe zu annullieren. Auch seine Mutter schrieb ihm voller Gram ob der „Schande": „Ein Trost für mich, dass der Weg zum Grabe mir nicht mehr lange fern bleiben wird."

Die Annäherung und Versöhnung mit der Familie fand erst nach Jahren statt. Unermüdlich ergriff der Herzog Partei für seine Frau, widerstand als Fels in der Brandung den Schmähungen in der Öffentlichkeit, unter denen Helene stark litt. Doch allen Intrigen zum Trotz, die Liebe zu seiner „herzlieben Mumimunnie" überdauerte die Zeiten. Georg stand zu seiner Liebesheirat und hielt sich den Veranstaltungen fern, zu denen Ellen nicht erwünscht war. Nach einer Fehlgeburt 1875 blieb die Ehe kinderlos. Doch es war nicht nur die Liebe, sondern auch die Leidenschaft zu Theater und Musik, die beide verband.

„ … der Herzog hätte ohne Deine Unterstützung
solch ein großes Unterfangen nicht auf sich nehmen können."
Cosima Wagner an Helene von Heldburg

Ellen Franz wurde 1839 in Naumburg geboren. Ihre Mutter war Tochter eines schottischen Lords, der sich ebenfalls gegen die Verbindung zu ihrem Vater, dem deutschen Hauslehrer der Adelsfamilie gestellt hatte. Als ausgebildete Pianistin bekam Ellen Unterricht bei Hans von Bülow und wechselte, auch auf Empfehlung von Franz Liszt, ins Schauspielfach. Im Jahr 1867 erhielt die begabte junge Frau ein aussichtsreiches Engagement im Fach der „Ersten Liebhaberin" am aufsteigenden Meininger Theater. Nach ihrer Hochzeit mit Georg II. stand sie selbst nicht mehr auf der Bühne, kümmerte sich aber um die Dramaturgie der Stücke oder Engagement und Ausbildung der Schauspieler. Längst ging die Anziehungskraft über die körperlichen Freuden hinaus, denn zu ihrem Liebesweg gehörten nicht nur gleiche Ziele, sondern auch der gleiche Schritt.
Unter der Schirmherrschaft des „Theaterherzogs" und seiner Frau begann der kometenhafte Aufstieg der „Meininger". Die Residenzstadt wurde zur Marke und auf den Bühnen Europas gefeiert, – das Qualitätssiegel des modernen Regietheaters. Gemeinsam hielten Georg und Helene die Freundschaft und Verbindung zu den großen Musikern ihrer Zeit, wie Brahms, Reger, Liszt oder der Wagner-Familie. So flochten beide unermüdlich ein unsichtbares Band der Liebe, das über viele Ehejahre, mit jedem Knoten an Festigkeit gewann und sie in Glück und Leid verband. Neben dem Theater und der Musik zählte das Reisen zu ihren Leidenschaften. Oft waren sie inkognito als Baron und Baronin von Rauenstein unterwegs, was in den Hotels nicht selten zu günstigeren Preisen verhalf.

In den letzten Jahren bestimmten Krankheiten und die darauf folgenden Kuraufenthalte den Lebensrhythmus. Zeiten der Trennung hielten der Herzog und seine Frau schwer aus. Denn wenn Georg liebte, dann aus vollem Herzen. Zwei bis drei Briefe pro Tag waren keine Seltenheit, dazu kamen Telegramme und Telefonate. Ihre Altersliebe drückt sich in der zahllosen Flut an Briefen und ihren einem frisch verliebten Paar in nichts nachstehenden Formulierungen aus: „Auf glückliches Wiedersehen. Möchtest du schließlich gut schlafen Herzli. Du denkst an Deini wie ich an Meini, feurig, Deini." Als ältester regierender Monarch Europas verstarb Georg II. von Sachsen-Meiningen 1914 bei einem Kuraufenthalt in Bad Wildungen. Bereits viele Jahre zuvor hatte er sich Gedanken um eine gemeinsame Bestattung gemacht, da er die herzogliche Familiengruft nicht zum Austragungsort eines Streites machen wollte. Mit seiner nicht standesgemäßen Heirat war der nachträglich geadelten Freifrau von Heldburg ein Platz darin verwehrt. Daher hatte er auf dem Städtischen Friedhof in Meiningen eine separate Grablege entwerfen lassen, wohin er am Vorabend des Ersten Weltkrieges seiner großen Liebe vorausging.

Einst hatte sie Amors schicksalhafter Flügelschlag zusammengeführt und nun trennte sie der unerbittliche Sensenschwung des Todes. Das Herz der Freifrau krankte, lebte fortan in der Vergangenheit. Am 17. März 1923, dem Vortag des 50. Ehejubiläums und wenige Tage vor ihrem eigenen Tod, schrieb Ellen Franz an eine gute Freundin: "Ich bin jetzt ganz herunter – aber ich muss doch noch einmal nur der alte Stehauf sein, denn morgen, an unserem Goldenen Hochzeitstage muss ich hinüber zu ,Ihm' […] Ich möchte den Tag in Einsamkeit verleben, erst abends nach neun Uhr, um dieselbe Stunde wie vor fünfzig Jahren, wird meine Jugendfreundin Anna Schwencke auf ein Stündchen hier sein. Noch einmal wollen wir ein altes, mir sehr liebes Lied ,Drum, wenn ein Herz du hast gefunden' zusammen singen (oder eigentlich vor uns hinsummen), mit dem sie damals den Herzog und mich überraschte. Fünfzig Jahre in Glück und Leid! Wer sagte es doch: ,Da fing mein Leben an, als ich dich liebte!'"

Helene Franz, Freifrau von Heldburg

„Tolstoi sagt in seinem Tagebuch:
‚Des Menschen Arbeit ist,
die Liebe an sich zu steigern.‘
Ich kann sagen:
mein Streben war das,
solange ich denken kann.“

Helene von Heldburg

Residenzschloss Meiningen

95

Friedrich Nietzsche

Sein Werk begründete ein philosophisches Universum und hob die Welt aus den Angeln.
Dem eigenen Kosmos eine Gefährtin zu finden, blieb ihm zeitlebens verwehrt.

Zärtlich schlossen sich seine Lippen. Genussvoll spürte er die Sinnlichkeit des Moments auf der Zunge. Ein stummes Beben ließ ihn erzittern, als er sie erneut an seiner bärtigen Oberlippe spürte. Eine Tafel Schokolade, dies wusste der junge Nietzsche, konnte viel Leidenschaft auslösen. Während seine Bonner Kommilitonen die ersten Freuden der Sexualität im Bordell auskosteten, war der stille, feinfühlige Student Nietzsche Stammkunde in den Konditoreien. Liebe geht eben durch den Magen! Einem posthumen Bericht seines Freundes Paul Deussen zufolge, soll er sich doch einmal im benachbarten Köln in ein Etablissement verirrt haben. Ganz irritiert von den leicht bekleideten Damen und ihren aufreizenden Gebärden, sah er sich plötzlich von ihnen umringt. Immer enger zogen sie ihre Kreise. Wie hypnotisiert starrte er auf geballte Weiblichkeit. Regulieren konnte er den aufgestauten Druck nur mit dem „einzig seelenhaften Wesen in dieser Gesellschaft": einem Klavier. Allein dessen Tasten berührend, stolperte er kurz darauf wieder aus dem Haus der Freuden nach draußen.

Friedrich Nietzsche wuchs nur unter Frauen auf. Nach dem frühen Tod des Vaters durch Gehirnerweichung verließ die Familie das Pfarrhaus in Röcken bei Leipzig und zog nach Naumburg. Fortan prägten Großmutter, Mutter, Tanten und Schwester seine Kindheit und die Erziehung nachhaltig. Beizeiten gab sich der Junge altklug und schrieb mit 14 Jahren seine Biografie „Aus meinem Leben". Auch am Domgymnasium fiel dies auf, wo er als Streber und Sonderling galt. Während alle anderen Kinder in einem schlimmen Gewitterguss nach Hause rannten, ging er seelenruhig und sittsam, wie es die Schulordnung vorschrieb. Ein Ruf, den Nietzsche selbst im Elite-Internat Schulpforta nicht ganz abschütteln konnte, obwohl ihn eine gewisse pubertäre Aufmüpfigkeit veränderte. In der dort im Sommer 1862 verfassten Groteske „Euphorion" fabulierte er in einer verschlüsselten

Sprache von derbem Sex mit einer Nonne oder enthemmter Masturbation. Ein Jahr später lernte Nietzsche in einem Ausflugslokal die Berliner Geheimratstochter Anna Redtel kennen und umwarb sie mit Selbstverfasstem. Doch sie blieb unerreichbar, was den einsamen Musterschüler zur Verarbeitung in Text und Ton bewog.

Schon in jungen Jahren breitete sich in seinen Schriften der Charakter seiner späteren Philosophie aus: Die freie Entfaltung des Individuums, fern von Gesellschaft und religiösen Bekenntnissen, die Maske des Christentums entlarvend. Das Abschlusszeugnis in der Tasche, zog es ihn zum Studium nach Bonn und Leipzig, wo er mit dem genialen und anfangs umschwärmten Paar Richard und Cosima Wagner enge Freundschaft schloss. Gerade in der sieben Jahre älteren Cosima erblickte er das Ideal einer Frau auf Augenhöhe. Mit nicht einmal 25 Jahren erhielt er auf Empfehlung seines Professors schließlich einen Lehrstuhl für klassische Philologie in Basel.

Was für eine steile Karriere, und ganz ohne Promotion! Stets den schrecklichen Tod des Vaters vor Augen, plagten ihn Krankheiten wie Rheumatismus und Kopfschmerzen, die schon früh eine gewisse Todesfurcht auslösten. Aufgrund der körperlichen Einschränkungen und Belastungen löste er sich 1879 ganz von seinem Universitätsamt und beschränkte sich auf seine Schriften und unstete Reisen – eine Flucht vor Krankheiten und sich selbst begann. Am wohlsten fühlte er sich noch in Stille und Einsamkeit und in der Produktivität seiner Denkmodelle. Einige Biographen Nietzsches vermuten gar, dass diese schöpferische Kraft nur durch die aufgestaute sexuelle Energie möglich war und durch die Schrift kanalisiert wurde. Trotzdem litt er an seiner Einsamkeit, und Richard Wagner empfahl: „Sie müssen heiraten oder eine Oper komponieren; […] Das Heiraten halte ich für besser. […] Ach, Gott! Heiraten Sie eine reiche Frau."

Freunde, Kollegen und Familie setzten ihm in der Thematik zusätzlich zu, so dass der Junggeselle von 31 Jahren aus lauter Verzweiflung einer frischen Genfer Bekanntschaft einen Heiratsantrag machte. Das Scheitern war bereits einkalkuliert. Er reiste ab und hinterließ der 21-jährigen, leicht schüchternen grünäugigen Mathilde Tramedach folgende Zeilen: „Nehmen Sie allen Mut Ihres Herzens zusammen, um vor der Frage nicht zu erschrecken, die ich hiermit an Sie richte: Wollen Sie meine Frau werden? […] Wollen Sie es wagen, mit mir zusammen zu gehen, als mit einem, der recht herzlich nach Befreiung und Besserwerden strebt? Auf allen Pfaden des Lebens und Denkens? […] Können Sie auf meine Frage Ja! sagen, so werde ich sofort Ihrer Mutter schreiben, um deren Adresse ich sie dann bitten würde. Gewinnen Sie es über sich, sich schnell zu entschließen, mit Ja! oder Nein – so trifft mich ein briefliches Wort von Ihnen bis morgen 10 Uhr Hotel garni de la Poste." Die Absage kam höflich, aber prompt. Einen armen, kränklichen Professor sah sie nicht an ihrer Seite. Für Nietzsche war die Ehe fortan

kein Diskussionsthema mehr. Wenige Tage nach diesem Vorfall schrieb er an seinen Freund Carl von Gersdorff: „Zehntausendmal lieber immer allein bleiben – da ist jetzt meine Losung in der Sache."

Irrtum, denn im Frühjahr 1882 lockten den rastlosen Philosophen die gesundheitlichen Probleme und der Psychologe Paul Rée nach Italien. Der Freund schrieb begeistert von der Bekanntschaft einer jungen, klugen Russin, die ganz seine Kragenweite wäre. Tatsächlich, seine Ankunft entpuppte sich als Beginn einer verhängnisvollen Affäre mit der schönen Lou von Salomé.

Im Petersdom in Rom trafen die drei Gottesleugner erstmals zusammen. Paul war gerade dabei, in einem abgelegenen Beichtstuhl über die Nichtexistenz Gottes zu schreiben und Friedrich Nietzsche begrüßte Lou unter der Kuppel kühn mit den Worten: „Von welchen Sternen sind wir hier einander zugefallen?"

Schnell war Nietzsche klar, dieser mädchenhafte Augenstern ist ein Zufallsfund. Beide sich am Genie des anderen entzündend, steigerte sich Nietzsche in ungeahnte spirituelle Sphären. Über seinen Freund Paul ließ er die Lage sondieren und diesen um Lous Hand anhalten. Der zweite Heiratsantrag, der höflich, aber aus vorgeschobenen finanziellen Gründen abgelehnt wurde. Was Nietzsche nicht wusste: Auch Paul hatte ihr kurz zuvor einen Antrag gemacht. Lou spürte zwar die Geistesverwandtschaft, aber ihr Sinn stand nach reiner Freundschaft, außerdem hielt sie die Ehe für überkommen und für sich ausgeschlossen. Der Beginn einer klassischen Ménage-à-trois! Der ungewöhnliche Dreibund schmiedete gemeinsam Zukunftspläne, man wollte eine „geistige Ehegemeinschaft" zu Studienzwecken im Ausland gründen. Eifersucht lag in der Luft. Beide Männer forschten nach zeitlichen und räumlichen Lücken, um sie vielleicht doch noch umzustimmen.

Ortswechsel. In Luzern versuchte Nietzsche erneut sein Glück, fasste allen Mut zusammen und machte Lou, dieses Mal persönlich, eine halbherzige Offerte. Er scheitert abermals. In einem Fotoatelier drängte Nietzsche zu einer bedeutungsschweren Aufnahme und inszeniert beide Herren, vor einen Leiterwagen gespannt, die mit einer Peitsche von Lou angetrieben werden.

Sein letzter Versuch, ihr im Sommer in der thüringischen Waldeinsamkeit Tautenburg näherzukommen, glückte für den Moment. Auf geistiger Ebene nah, scheiterte die Beziehung aber langfristig. Nietzsches Mutter und Schwester hatten sich gegen diesen emanzipierten Vamp verbündet. Es kam zum großen Familienkrach und nach einem Leipziger Intermezzo zerbrach der Dreibund.

Erst ein paar Jahre später willigte die schöne Russin unter Not doch in eine Ehe ein. Vor ihren Augen hatte sich der Orientalist Friedrich Carl Andreas aus Liebe mit einem Messer in die Brust gestochen. Tief bewegt gab sie seinem Drängen nach, aber unter der Bedingung sexueller Enthaltsamkeit. Erst in der Liaison mit dem leidenschaftlichen Dichter Rainer Maria Rilke soll sie entjungfert worden sein und sexuelle Ekstasen erlebt haben. Doch da war Nietzsche schon fast tot.

Nach der kurzen, aber erregenden Zeit mit Lou fiel der Denker in tiefe Depressionen. Lous Eintrag im Tautenburger Brieftagebuch vom 18. August 1882 behielt recht: „Seltsam, mich durchfuhr neulich der Gedanke mit plötzlicher Macht, wir könnten uns sogar einmal als Feinde gegenüberstehen." In seiner zunehmenden Wut und Verzweiflung schrieb Nietzsche Briefe an Paul und Lou, die er aber nie der Post übergab: „Diese dürre, schmutzige überriechende Äffin mit ihren falschen Brüsten – ein Verhängnis!" Beschimpfte sie als Weib „ohne Gemüt und unfähig der Liebe", und bekannte dann doch wieder: „Mir fehlt sie, selbst noch mit ihren schlechten Eigenschaften."

Nietzsche kompensierte die Gefühle erneut durch Arbeit, vollendete den „Zarathustra", brach Freundschaften und beschloss, sich selbst zu genügen. Dabei dürstete er nach Liebe, doch die Menschen, die zu seiner Quelle wollten, verdursteten.

Nur sieben Jahre später endete Nietzsches geistig waches Leben. Die schlummernde Krankheit brach sich Bahn. In Turin gestrandet, litt er unter Stimmungsschwankungen, die sich bis zur Tobsucht steigerten. Er tanzte nackt in seinem Zimmer und schrieb im Wahn Briefe an Freunde und Bekannte, so beispielsweise an Cosima Wagner: „Ariadne, ich liebe Dich. Dionysos". Die Zeichen erkennend, schritt ein Freund ein, „entführte" ihn mit einer hohen Dosis Schlaftabletten. Die nächsten Stationen waren Nervenkliniken und die Pflege unter Obhut seiner verhassten Mutter und Schwester. Des eigenen Willens beraubt, führte die Spirale den großen Philosophen immer weiter abwärts. Über den Grund und Verlauf seiner Krankheit gibt es viele Spekulationen. An der renommierten Psychiatrischen Klinik von Professor Otto Binswanger in Jena untersuchten die Ärzte eingehend den Zustand des Patienten und hielten auch viele von Nietzsches Äußerungen im Wahn in den Krankenakten fest, wie etwa: „Nachts sind 24 Huren bei mir gewesen." Als Diagnose stellten die Mediziner „progressive Paralyse" und Syphilis. Wo sich der als asexuell geltende Nietzsche angesteckt haben könnte, ist bis heute ungeklärt. Vermutungen gehen sogar auf mögliche Bordellbesuche während seiner Studienzeit zurück.

Nietzsche starb am 25. August 1900. Zarathustra ging hinaus in seinen großen Mittag.

Otto Schott

Dem Glas hat er ins Herz gesehen und der Welt den Durchblick verschafft.
Das Herz seiner Liebsten gehörte ihm allein.

„Was duftet denn hier so gut?", wunderte sich Otto Schott beim Durchsehen der Post, die sich auf seinem Schreibtisch im Glastechnischen Laboratorium in Jena häufte. Zwischen der Geschäftspost lag ein kleines Briefchen von einer gewissen Käthe Pielke aus Dessau, ihm bis dahin unbekannt. Der Brief vom 4. März 1884 roch nach Flieder und Minze und stimmte ihn unversehens erwartungsfroh. Die Schrift wirkte graziös und energisch zugleich, von einem jüngeren Menschen stammend. Was wollte denn ein Fräulein Pielke von ihm? Erwartungsvoll öffnete er den Brief und sog dabei den Geruch ein. Erstaunt las er, sie sei die Schwester der jungen Frau, die sein Freund Richard Falkenberg in Kürze heiraten werde. Zur Hochzeit plante Käthe Pielke eine musikalische Überraschung für das Brautpaar und bat in ihrem Schreiben Otto Schott, den sie im Kreis der geladenen Gäste wusste, sich doch bitte daran zu beteiligen, sofern er „ein bißchen Bass mitzusingen" bereit wäre.

Schott hielt sich für vollkommen unmusikalisch und war zu seiner Verwunderung plötzlich seltsam betrübt darüber. Zwei Tage später antwortete er in einem freundlichen Schreiben, er sei leider verpflichtet, ihr mitzuteilen, dass er „selbst den mäßigsten Ansprüchen ungefähr etwas Bass zu singen nicht nachzukommen vermag". Dessen ungeachtet sei er jedoch in der angenehmsten Erwartung, sie bald persönlich kennenzulernen. Von da an steigerte sich auf rätselhafte Weise seine Vorfreude auf die Hochzeit seines Freundes.
Dann kam der Tag und er sah sie. War es die tagelange Spannung, war es die freudige Hochzeitsstimmung, war es der höchst erfreuliche Anblick dieses Fräulein Käthe – es kam alles zusammen, ihr Anblick traf ihn wie ein Blitz. Er bemerkte, dass auch sie erfreut war, denn ihre Augen leuchteten, als sie aufeinander zugingen und sich mit den

offensichtlich angenehmsten Empfindungen begrüßten. Bereits im Verlauf der Feierlichkeiten wurde beiden klar, das war nicht ihre letzte Begegnung. Otto Schott hatte sich Hals über Kopf verliebt. Beglückt sah er, dass auch Käthe Gefühle für ihn zu empfinden schien, die zarte Röte ihrer Wangen verriet es ihm.

Rosig schienen ihm auch die Zukunftsaussichten, denn häufige Besuche bei ihrer Schwester in Jena würden als unverdächtig gelten. Für Otto Schott begann eine berauschende Zeit. Sein mutig gegründetes Unternehmen nahm immer mehr Fahrt auf, er war heiß verliebt, und sein Mädchen besuchte sehr oft ihre frisch verheiratete Schwester.

Lange blieb ihre Liebe nicht geheim. So genossen sie die freudige Zustimmung von Familie und Freunden, ihre gemeinsamen Unternehmungen in Jenas herrlicher Umgebung und lernten sich immer besser kennen und lieben. Nach kurzer Verlobungszeit, in der sie sich fast täglich zärtliche Briefe schrieben, feierten sie ihre Hochzeit und begannen ein liebevolles Familienleben. Otto Schott war aus geschäftlichen Gründen sehr viel in aller Herren Länder unterwegs. Überliefert sind mehrere hundert Briefe, Karten und Telegramme, die sich beide schrieben. Und nach vielen Jahren Ehe und fünf Kindern schrieb Otto Schott noch immer an seine geliebte Frau „mein liebes Kätzchen" und endete mit „tausend Küsse Dein Otto".

... fingen, worüber sich gew...
Else und Richard sehr fr...
den, dazu möchte ich Sie ...
ein bischen Baß mitzus...
falls Sie Lust dazu habe...
ist natürlich auch dabei. ...
Schwager dürfen Sie ...
kein Sterbenswörtchen darüber
sagen. Ihrer freundlichen Zu-
sage entgegensehend zeichne ich

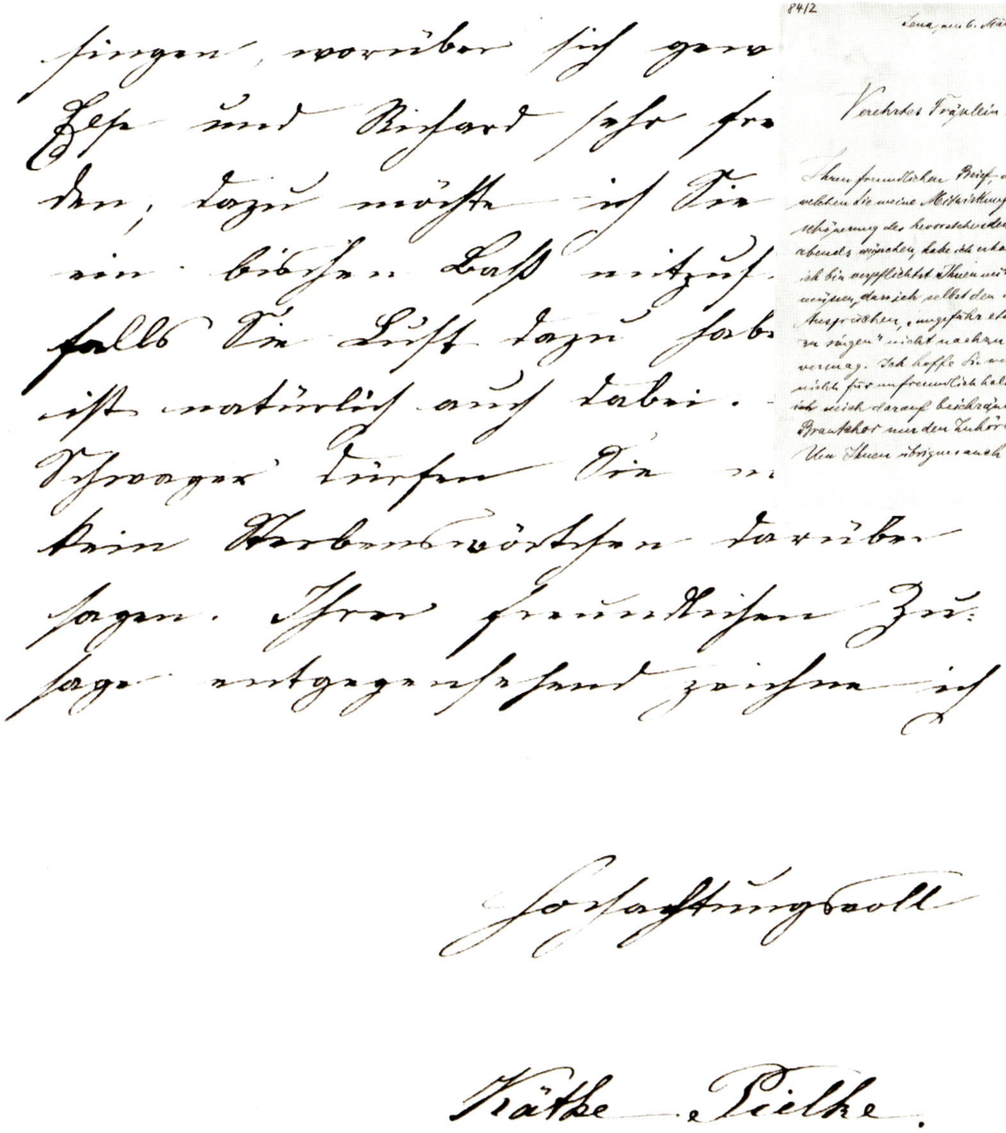

Hochachtungsvoll

Käthe Pielke.

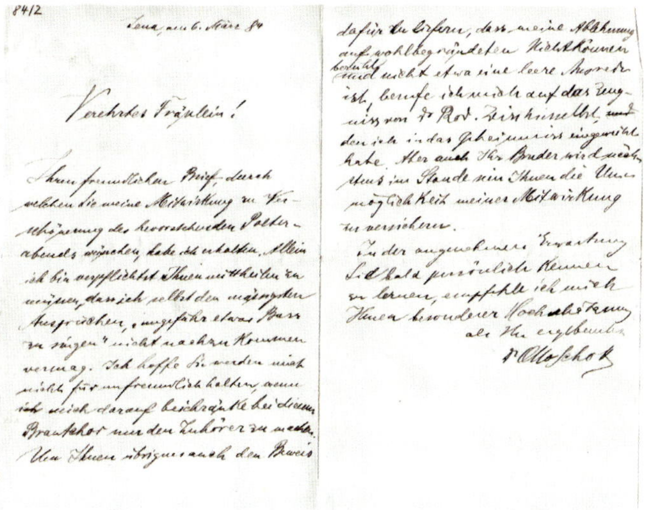

8412

Jena, am 6. März 84

Verehrtes Fräulein!

Ihren freundlichen Brief, durch welchen Sie meine Mitwirkung zur Verschönerung des bevorstehenden Polterabends wünschen, habe ich erhalten. Allein ich bin verpflichtet Ihnen mitzutheilen zu müssen, daß ich selbst den mäßigsten Ansprüchen, „ungefähr etwas Bass zu singen" nicht nachzukommen vermag. Ich hoffe Sie werden mich nicht für unfreundlich halten, wenn ich mich darauf beschränke bei diesem Brautchor nur den Zuhörer zu machen. Um Ihnen übrigens auch den Beweis dafür zu liefern, dass meine Ablehnung auf wohlbegründetem Nichtkönnen beruht und nicht etwa eine leere Ausrede ist, berufe ich mich auf das Zeugniss von Dr Rod. [illegible], den ich in das Geheimniss eingeweiht habe. Aber auch Ihr Bruder wird ebenso im Stande sein Ihnen die Unmöglichkeit meiner Mitwirkung zu versichern.

In der angenehmen Erwartung Sie bald persönlich kennen zu lernen, empfehle ich mich Ihnen besonderer Hochachtung

als Ihr ergebener

Dr Otto Schott

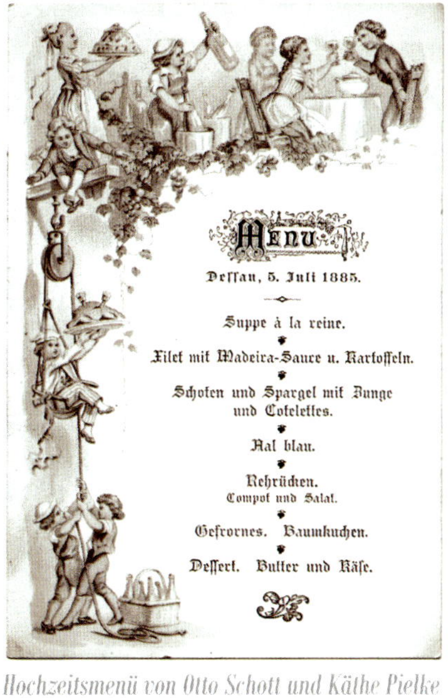

Menu

Dessau, 5. Juli 1885.

Suppe à la reine.

Filet mit Madeira-Sauce u. Kartoffeln.

Schoten und Spargel mit Zunge und Cotelettes.

Aal blau.

Rehrücken.
Compot und Salat.

Gefrornes. Baumkuchen.

Dessert. Butter und Käse.

Hochzeitsmenü von Otto Schott und Käthe Pielke

Ricarda Huch

Als engagierte Schriftstellerin prägte sie die literarische Moderne um 1900 entscheidend mit.
Als emanzipierte Frau und Liebende sprengte sie die Konventionen der Zeit.
Das eine wäre ohne das andere nicht denkbar gewesen.

Es sollte das erste, aber nicht das letzte Mal sein, dass er ihr wehtat. Der Anlass mit Dr. Ermanno Ceconi ins Gespräch zu kommen, waren ihre schlechten Zähne. Das aufgeschnittene Geschwür sorgte für bohrende Schmerzen, doch die „temperamentvolle und originelle Persönlichkeit" des Zahnarztes lenkten die 33-jährige Patientin Ricarda Huch zur Genüge ab. Neben dem Erfolg der Behandlung beeindruckte sie sein südländisches Aussehen. Der sechs Jahre jüngere, dunkeläugige Italiener bestach mit lockigem Haar, „opalig schimmernden, mandelförmigen Augen" und einem sinnlichen Mund. Kurzum, für Ricarda Huch war es Liebe auf den ersten Blick. Wenige Monate später heiratete sie im Juli 1898 ihren geliebten „Manno" und brachte im Jahr darauf die Tochter Marietta zur Welt. Das familiäre Glück schien perfekt, bis sie die Schatten ihrer Jugend einholten.
1883: Der sechzehnjährige Backfisch Ricarda Huch debütierte soeben in der Braunschweiger Gesellschaft. Die dunkel gelockte Schönheit mit dem graziösen Gang fiel auf. Sicher auch dem Rechtsreferendar Wilhelm Mägde, der ihre erste schwärmerische Liebe jedoch nicht erwiderte. Sie war untröstlich! Da das Mädchen oft in der Familie der älteren Schwester Lilly verkehrte, versuchte Schwager Richard, ihr neuen Mut zuzusprechen. Mit unerwartetem Erfolg: „Mein Schwager legte den Arm um mich und sah mich an. Von diesem Augenblick an liebte ich ihn. Es war ein Augenblick reinen, vollkommenen Glücks. Hatte ich ihn nicht von jeher geliebt? […] Ich stand in Flammen. Es gab nichts mehr als diese Leidenschaft. Ihr Recht war ihre Gewalt."
Der smarte und gutaussehende Mann – vierzehn Jahre älter und zugleich ihr Cousin – war sich seiner Wirkung auf Frauen durchaus bewusst. Ricarda Huch traf diese neue Liebe allerdings so unvorbereitet, dass sie in aller jugendlichen Unschuld glaubte, allein ein Kuss bringe Kinder hervor. Heimliche Ausflüge und Treffen nährten

die verbotene Verbindung und schließlich wurde der Schwager auch ihr erster Liebhaber. Die sexuelle Glut versuchte das Paar im Zimmer des abwesenden Vaters zu stillen. Gewagt, da sich im Nebenzimmer das Nachtlager der Großmutter befand. Eine Beziehung mit familiärer Sprengkraft! Außerdem besaß die wohlhabende Kaufmannsfamilie ein gewisses Renommee in der Stadt, und Richard hatte den Ruf seiner gutgehenden Kanzlei zu verlieren. Ein Spiel mit dem Feuer, bei dem das Paar nach und nach die Vorsicht verlor. Gerüchte und Wahrheiten kursierten, der Skandal war perfekt! „Unsere Liebe stand fest wie ein Fels, sie war unser Schicksal; und es war sinnlos, die Pflicht gegen sie ins Feld zu führen. Diesem Schicksal musste sich alles unterwerfen." Jeglichen familiären Mahnungen und Schuldzuweisungen zum Trotz, so wie Richard an seiner Ehe und den Kindern festhielt, so stand seine Nichte für ihre persönliche Freiheit und verzehrende Leidenschaft ein. Nach vier Jahren voller Heimlichkeiten und stürmischer Liebe blieb der jungen Frau nur die Flucht, die Flucht in ein Studium im Ausland. Der Pakt mit der Familie und der zornigen Schwester schloss ein, dass jegliche Kontakte zu Richard abzubrechen waren.

Die Immatrikulation an der Universität Zürich 1888 verschaffte Ricarda Huch wieder die nötige Luft zum Atmen. Der krönende Abschluss dieser Jahre sollte die Promotion sein. Ein wichtiger Schritt in ein selbstbestimmtes Berufsleben, der erste Gedichtveröffentlichungen unter dem Pseudonym Richard Hugo einschloss. Eine Reminiszenz an den fernen Geliebten, denn das Herz ruhte keineswegs, sondern bildete vielmehr Quelle und Inspiration für erste schriftstellerische Arbeiten. Um sich ihrer gegenseitigen Liebe zu versichern, nahmen Schwager und Nichte den Kontakt in Briefen und mit Reisen wieder auf. Die Irritation einer kurzen Verlobung mit ihrem Züricher Freund Emanuel Zäslin 1893 löste die emanzipierte Doktorin rasch wieder auf, nur um erheitert einer Freundin zu berichten, „dass eine Entlobung weit beglückender als eine Verlobung sein kann."

Ricardas Existenz war derart eng an Richards gebunden, dass beide einen Doppel-Selbstmord nicht ausschlossen. Es kostete Kraft, diese Liebe über die große Distanz aufrecht zu erhalten, zumal sich der Geliebte immer noch nicht aus dem Bann seiner dominanten Ehefrau zu lösen vermochte. Dann rückte auf einmal eine gemeinsame Zukunft in greifbare Nähe, als Ricarda 1896 eine Stelle an einer Höheren Töchterschule in Bremen annahm.

In der Hansestadt widmete sich die Autorin einer neuen Thematik, der in der Literaturwissenschaft wenig beachteten Zeit der Romantik, und erkannte in Caroline Schlegel-Schelling eine Seelenverwandte. Gleichzeitig intensivierte sich das Verhältnis zu Richard so, dass er bereit schien, einen Neuanfang in Paris zu wagen. Der Aufbruch 1897 fand auf halber Strecke ein jähes Ende. In einem Kölner Hotel kam es zum Eklat. Erneut war Richard nicht fähig, seine Familie zu verlassen. Ricarda, am Boden zerstört, kehrte wie Richard in das alte Leben zurück. Nach einer Reihe von Rechtfertigungen und Vorwürfen brach sie den Kontakt endgültig ab. Kurz vor ihrer Abreise nach Zürich verlobte sie sich noch Hals über Kopf mit dem Juristen Hermann Eggers. Um die Liebe auf die Probe zu stellen, sollte vor der Heirat ein Jahr der Trennung eingehalten werden.

„In der Liebe sprechen Hände und Augen meist lauter als der Mund."

Ricarda Huch

Als Ricarda Huch dann mit dem jungen Zahnarzt Ermanno Ceconi bei einem Besuch in Wien Bekanntschaft machte, war sie sich ihrer Sache sicher, entlobte sich von Eggers und nahm das unverhoffte Glück mit „Manno" an. Trotz zahlreicher Umzüge und Geldsorgen wuchs die junge Familie zusammen, die durch Ricardas erfolgreiche Publikationen finanzielle Unterstützung fand. Jedoch war die sensible Frau zu sehr mit ihrer Vergangenheit verbunden, um nicht das italienische Temperament ihres Mannes oft als anstrengend zu empfinden. In ihren Memoiren erinnerte sie sich: „Mannos Eifersucht auf meine Vergangenheit war zuweilen beängstigend; einmal stieß er mit dem Messer nach mir, wovon noch eine kleine Narbe am Arm sichtbar ist."

Der sichere Hafen der Ehe erwies sich als kurzzeitiges Ankersetzen, als ihre blonde, zierlich gewachsene Nichte Käte – Richards jüngste Tochter – 1905 zum Medizinstudium nach München kam. Sie verdrehte Ermanno den Kopf, schmeichelte in einem heißen Flirt den Eitelkeiten des Italieners, der ihr am Ende sogar einen Heiratsantrag machte. Zu allem Überfluss schaltete sich ihre Schwester Lilly ein, war sie nun doch zu einer Scheidung bereit.

Das pikante Ende dieser verworrenen Verhältnisse war, dass Lilly sich zu dieser Zeit einen zwanzig Jahre jüngeren Liebhaber zugelegt hatte, den sie aber später als Ehemann an ihre Tochter Käte abtrat. Der Weg zu Ricardas Jugendliebe schien frei.

Beim Wiedersehen mit Richard waren die Jahre des Schweigens wie ausgelöscht. „Auf einmal bin ich wieder lebendig, wieder jung, es braust im meinem Körper, die Tränen fließen ständig aus meinen Augen, wie aufgetaute Ströme ist es." schrieb sie voller Freude. In den Jahren 1906 und 1907 wurden schließlich die Ehe Ceconi in München und die Ehe Huch in Braunschweig geschieden. Endlich, die heißersehnte Heirat! „Ich war, als wir heirateten, 43 Jahre alt, Richard 57; das machte zusammen 100." Doch Ricardas simple Rechnung ging nicht auf, der „Bund fürs Leben" geriet zur Farce und blieb, trotz wieder aufflammender Erotik hinter den Erwartungen der Partner zurück. Zu unterschiedlich waren inzwischen ihre Lebensentwürfe und familiären Verhältnisse. Zudem verweigerte Richard sich der neuen Vaterrolle für Marietta. Die konfliktreiche Beziehung hatte sich in aller Nähe und Distanz über die lange Zeit wundgerieben und endete bereits vier Jahre später mit Scheidung. Ricardas erschütterndes Resümee: „Was für trostlose Verwicklungen, alles die Folge meiner Liebe zu Richard, in dem ich als halbes Kind mehr einen Gott als einen Menschen sah."

Als er 1914 – mittlerweile in einer dritten Ehe gefangen – starb, kam sein Tod einer Erlösung gleich, sprengte Fesseln, die sie in ihrer unendlichen Liebe und Aufopferung gar nicht als solche empfunden hatte. Endlich konnte sie mit der Vergangenheit Frieden schließen. In den folgenden Jahren erfand Ricarda Huch sich neu, feierte berufliche Erfolge, gewann neue Freunde und söhnte sich mit ihrer Schwester Lilly aus. Auch die Beziehung zur Tochter Marietta verbesserte sich, so dass sie zu Ermanno wieder Kontakt aufnahm, dessen zweite Ehe 1916 ebenfalls geschieden worden war. Beider Lebenslinien liefen wieder zusammen. Ricarda Huch empfand diese Altersliebe kurierend: „Es war alles gut, der Riss geheilt, der natürliche Zustand wiederhergestellt." Als Ermanno schließlich 1927 an einem Lungenleiden starb, saß der Verlust tief und sie summierte dessen Folgen in einer bildhaften Formulierung: „Aber in meinem Herzen ist eine Stelle, da blüht nichts mehr." Es war der letzte Schmerz, den er ihr zufügte.

Im Familienkreis ihrer Tochter verbrachte sie die NS- und Kriegszeit in einer Art inneren Emigration und stillem Widerstand in Jena. Bis ins hohe Alter blieb sie geistig und literarisch rege und gewann den Ort der deutschen Frühromantik lieb. Das Kriegsende erlebte sie als persönliche Befreiung, beteiligte sich noch am Demokratisierungsprozess und starb wenige Tage nach der Flucht 1947 in die Westzone. Ihr nie gebrochener Wille zum Leben und zur Liebe spricht aus einer Zeile ihres Gedichtes „Leben": „Empfinden will ich mich, sei's auch an Wunden!"

„Liebe ist das einzige
was wächst, indem wir
es verschwenden.“

Ricarda Huch

Ricarda Huch 1911

Empfang im Kulturbundklub

„Aber in meinem Herzen ist eine
Stelle, da blüht nichts mehr.“

Ricarda Huch

Eugen Diederichs

„Kultur der Seele" in schönen Büchern war sein Ziel als Verleger.
Doch die Seele seiner Frau blieb dabei auf der Strecke.

Die zweiundzwanzigjährige Helene Voigt machte auf der Heimfahrt von einer Italienreise in Leipzig Zwischenstation, und drei Tage später war sie verlobt. Sie besuchte den Verleger Georg Heinrich Meyer, der ihre Geschichten über „Schleswig-Holsteiner Landleute. Bilder aus dem Volksleben" herausgegeben hatte. Dort begegnete sie dem mit Meyer befreundeten Verleger Eugen Diederichs, der nicht viel hielt von „Frauenzimmergeschreibe". Von Meyer zur Lektüre angeregt, war Diederichs nach den ersten Leseeindrücken verblüfft über den knappen, ihm fast männlich erscheinenden Schreibstil dieser jungen Dame. Nun stand er vor der liebreizend schönen Frau. Meyer lächelte in sich hinein, hatte er doch dieses Zusammentreffen bewusst lanciert und spürte sofort eine Welle der Sympathie zwischen beiden.

Diederichs war ein massiger Mann, 32 Jahre alt, mit schütterem Haar. Seine hellen Augen waren etwas zu groß und wirkten sonderbar dämonisch. Vor der zarten jungen Dame stand er wie eine Urgewalt und sie spürte eine unwiderstehliche Kraft. Erstaunt, wie wohl sie sich dabei fühlte, überließ sie ihm die ersten Worte und genoss den unerklärlichen Wunsch, ihm nahe zu sein. Sie verstanden sich auf Anhieb und Helene Voigt beschloss spontan, einige Tage länger in Leipzig zu bleiben.

Diederichs zeigte ihr die Stadt. Sie spazierten durch Parks und besuchten die historischen Schlachtfelder. Enthusiastisch besprachen sie die gemeinsamen Kunsterlebnisse im Städtischen Museum und im Grassi-Museum. Seine direkte Art fegte ihre anfängliche Scheu vor dieser rasanten Entwicklung hinweg. So wurde die Freude am Zusammensein zum Wunsch nach einer festen Bindung.

Wenn Diederichs am Abend allein mit sich war, hatte er wie so oft Zweifel am Sinn seines Lebens, und Schwermut – er nannte es sein Familienerbe – fiel wie ein schwerer dunkler Mantel über seine Seele. In seinen unveröffentlichten biografischen Aufzeichnungen „Lebensaufbau" schrieb er: „Am anderen Morgen beim Kaffeetrinken horchte ich in mich hinein: Soll ich oder soll ich nicht? Da kam ganz tief aus dem Unterbewussten ein Ja [...]". Er zog seinen feierlichen Anzug an und klingelte bei Meyer. Dann stand Helene vor ihm, sie verstand sofort und fiel ihm in die Arme. „Könnten wir einst doch auch zusammen sterben", hauchte sie und beide hatten keine weiteren Fragen.

Vier Monate später heiraten sie auf Helenes elterlichem Gut Marienhoff. Bis zum letzten Tag vor der Hochzeit quälten Diederichs schwere Zweifel und Angst vor der Verantwortung und immer wieder die Frage, ob er in letzter Stunde nicht doch noch die Trauung absagen sollte. Er wusste, dieser Sieg der Schwermut wäre seine endgültige Selbstaufgabe und hätte seinen freiwilligen Tod zur Folge. Zum Glück fiel ihm ein, dass er sich ja auch nach der Hochzeit töten könnte, damit Helene wenigstens sein Erbe antreten kann.

Die Zeremonie fand bei herrlichem Wetter ganz romantisch unter einer Friedenseiche des Landgutes statt. Sie waren glücklich und blickten erwartungsfroh auf ihr kommendes Zusammenleben.

Diederichs brachte in die Ehe mit der ambitionierten Dichterin außer Verliebtheit und tiefe Zuneigung auch ökonomische Sicherheit, gesellschaftliches Ansehen, vielversprechende kulturelle Kontakte und im Gegensatz zu seiner jungen Frau sexuelle Erfahrung mit. Er erhoffte sich endlich ein schönes Liebesleben mit nur einer Frau. Seine bisherigen Erfahrungen mit der Weiblichkeit waren unbefriedigend für ihn. Nicht an sexuellen Erlebnissen mangelte es. Doch seine Beziehungen meist mit Frauen aus sozial tiefer stehenden Schichten misslangen, weil er immer auch in seinem Sinne erziehen wollte und damit auf Ablehnung stieß. Dazu kam die Angst, es könnte ein Kind entstehen. Bei seinen gelegentlichen Bordellbesuchen fürchtete er, sich mit Geschlechtskrankheiten anzustecken. Er sehnte sich nach Liebe mit freier sexueller Erfüllung.

In den ersten fünf Ehejahren kamen vier Kinder zur Welt – eine Herausforderung für das Ehepaar. Die Verlagsarbeit beanspruchte von Diederichs die meiste Zeit des Tages, und nach der Arbeit war seine Geduld nicht mehr sehr strapazierfähig. Helene, die nie auf ihre schriftstellerische Arbeit zu verzichten gedacht hatte, verbrauchte den Großteil ihrer Kräfte als liebevolle Mutter und zog sich emotional immer mehr von ihrem Mann zurück. Erst spät bemerkte Diederichs die immer eisiger werdenden Wände des „Glashauses", in das seine Frau ihm entglitt. Er beschloss die Übersiedlung von Leipzig nach Jena. Die Kinder sollten vor der Großstadt beschützt und mit Natur vor der Haustür aufwachsen.

Jena, wo die Romantik geblüht, wo Hölderlin, Fichte, Goethe und Schiller gewirkt hatten, die geistige Tradition Jenas und die Nähe Weimars – all das zog ihn und auch Helene an. Besonders angetan waren sie von der einzigartigen Landschaft rund um Jena. Diederichs empfand sie wie „Schumann'sche Lieder". Für Helene wurde außerhalb der Wohnung ein Refugium für ihre Schreiblust eingerichtet. Sie genoss die wenigen dem Familienleben abgerungenen Stunden schöpferischer Tätigkeit, die sie so schmerzlich vermisst hatte. Andererseits sollte sie jedoch in Jena mehr Aufwand für das rege gesellschaftliche Leben betreiben. Der Jenaer Kunstverein hatte schon zehn Jahre vor der Bauhausgründung in Weimar die Aufmerksamkeit auf moderne Kunst gelenkt und lebhafte Diskussionen angeregt. Für die kunstsinnigen Jenaer Bürger waren der Verleger Eugen Diederichs und seine liebreizende Ehefrau interessante und gern gesehene Gäste zu allen gesellschaftlichen Ereignissen und Geselligkeiten. Zwangsläufig gab es dementsprechende Verpflichtungen zu Gegeneinladungen, was Helene mit der Zeit sehr zur Last fiel. Diederichs erhoffte sich in Jena Auftrieb und Kraft und wollte die Seele seines Weibes aus dem „Glashaus" wieder für sich gewinnen. „Ich ahnte nicht, dass ich die Mutter meiner Kinder in Jena endgültig verlor", schrieb er 1920 in seinem „Lebensaufbau" nieder.

Es war zu Ostern 1911. Helene war wegen einer Familienfeier in ihrer alten Heimat Marienhoff, als Diederichs während eines Spaziergangs mit Freunden „Tatsachen erzählen [hörte], die auf ein Mal die Binde von meinen vertrauensblinden Augen rissen." Unverzüglich reiste er seiner Frau nach und verlangte Aufklärung. Danach war er nicht ohne Hoffnung, wenigstens der Kinder wegen weiter mit Helene zusammenleben zu können. Doch in Jena angekommen, erfuhr er auf direkte Nachfrage weitere Ungeheuerlichkeiten, die ihm Helene verschwiegen hatte, so dass er sofort die Scheidung einreichte.

Was war geschehen: Helene hatte in emotionaler und erotischer Notlage ein intimes Verhältnis mit dem verheirateten Philosophen und Autor des Diederichs-Verlages Max Scheler begonnen. Dessen Frau machte die Sache in Jena publik und der Klatsch blühte. Die Jenaer Kunstfreunde, allen voran Irene Eucken, eine dominante und umtriebige Persönlichkeit des Jenaer Kunstvereins, Gattin des Literaturnobelpreisträgers Rudolf Eucken, besprachen die Affäre mit genüsslicher Empörung. Eugen Diederichs erfuhr davon nichts. Schelers Gattin gelang es, die Liaison zu unterbinden. Helene Diederichs fiel zurück in ihre seelische Ödnis, aus der sie der Jenaer Künstler Erich Kuithan zunächst rettete. Sie begann mit dem sensiblen und gut aussehenden Mann, der ebenfalls für den Verlag arbeitete, eine leidenschaftliche Beziehung und war nicht vorsichtig genug, das vor der Öffentlichkeit zu verbergen.

Helene wurde schuldig geschieden. Die Kinder bekam Eugen Diederichs zugesprochen. Sie zog nach Braunschweig, seelisch am Boden zerstört, verzehrte sie sich nach ihren Kindern.

Zu Beginn des Ersten Weltkrieges besann sich Diederichs darauf, dass seine geschiedene Frau womöglich unter dem Entzug der Kinder leiden könnte und überließ ihr die jüngeren Söhne Peter und Niels. Fortan wurde der Kontakt der Eltern mit allen vier Kindern wechselweise gepflegt und brach nie mehr ab. Vor allem nicht, als Diederichs sich mit der bekannten Dichterin Lulu von Strauß und Torney eine Frau ins Haus holte, mit der er leben und zusammenarbeiten wollte. Sie war so klug, nach Braunschweig zu Helene Voigt-Diederichs zu reisen und mit ihr das künftige Patchwork-Verhältnis der Familien zu arrangieren. Die Verbindung zwischen den drei Erwachsenen und den Kindern blieb über die Jahre erhalten, wie zahlreiche Briefe belegen.

Von Helenes 60. Geburtstag, den sie in Jena beging, gibt es ein Foto, auf dem Diederichs in der Mitte thront, links neben ihm Helene, rechts Lulu und an jeder Seite zwei Kinder.
Begraben liegt Eugen Diederichs mit seinen zwei Frauen auf dem Nordfriedhof in Jena.

EUGEN DIEDERICHS VERLAG IN JENA

Helene Voigt-Diederichs

„Darum: Landgraf, werde hart!"

Diederichs

Autograph Lulu Diederichs

Anmerkung des Verlegers:

In einem anarchischen Akt von

Sepulkralpiraterie gelang es unserer

Autorin nicht, am Gemeinschaftsgrab

von Eugen Diederichs, Helene und

Lulu die Grabplatte Helenes näher und

schief und das Bild der Beziehung zu

Diederichs damit gerade zu rücken.

117

Walter Gropius

*Er gründete das Staatliche Bauhaus in Weimar und zählt zu den
großen Wegbereitern moderner Architektur im 20. Jahrhundert. So geradlinig seine
Entwürfe auch waren, so barock gestaltete sich sein frühes Liebesleben.*

Der einzige Lichtblick war sein Kurschatten. Eine hartnäckige Erkältung und berufliche Strapazen führten den Berliner Architekten Walter Gropius im Frühjahr 1910 in den österreichischen Kurort Tobelbad. Starkes Herzklopfen, feuchte Hände und zittrige Knie waren die Folge, als ein Arzt ihn mit der faszinierenden Wienerin Alma Mahler bekannt machte. Es war Leidenschaft auf den ersten Blick! Er, der unerfahrene Mann von 27 Jahren, sie, die nur drei Jahre ältere Dame von Welt. Der erste gemeinsame Tag endete tief in der Nacht, ganz romantisch am Rand eines Baches bei Gesprächen und ersten Zärtlichkeiten im Mondlicht. So weit, so gut, nur gab es ein Problem, den berühmten Komponisten Gustav Mahler, – Almas Ehemann. Postlagernde Liebesbriefe sollten in den nächsten Tagen das süße Geheimnis wahren und zugleich schüren. Doch unglücklicherweise gelangte eine Sendung direkt in die Hände des Ehemannes. Ob von Walter Gropius bewußt oder versehentlich adressiert, muß offen bleiben. Beherzt reiste der Verfasser seiner Post nach und stand unangekündigt in der Tür der Mahlers. Frei heraus bat Walter Gropius den gut 23 Jahre Älteren, den Weg für das frisch verliebte Paar freizugeben. Seelenruhig pokerte dieser und ließ seiner Frau, mit welcher er bereits acht Jahre verheiratet war, die Wahl. Alma entschied sich für die Sicherheit der Ehe. Gropius reiste noch am Folgetag ab, nicht ohne auf der gesamten Rückreise flehende Telegramme und Briefe zurückzuschicken. – Worin bestand die Faszination dieser Frau?
Alma entstammte einer Wiener Künstlerfamilie. Ihren ersten leidenschaftlichen Kuss als junges Mädchen bekam sie vom Jugendstil-Maler Gustav Klimt. Dem folgte eine heiße Affäre mit ihrem Klavierlehrer, einem „kleinen, kinnlosen Mann mit herausquellenden Augen", aber von gewisser Raffinesse! In ihr Beuteschema fiel auch ihr späterer Ehemann, der Direktor der Wiener Hofoper, Gustav Mahler. Ihn hatte sie mit 22 Jahren kennengelernt

und nach knapp vier Monaten geheiratet. Viele vermuteten, dass sie die Ehe als Chance sah, um dem ungeliebten Elternhaus zu entkommen. Mehr dem gesellschaftlichen Leben zugetan, fügte sie sich nur schwer in die Rolle der Hausfrau und zweifachen Mutter. Alma hatte sich dem engen Zeitplan des rastlosen Komponisten unterzuordnen. „Ach, wenn er doch jünger wäre!", seufzte sie in ihr Tagebuch. Die Ehe dümpelte schon eine Weile vor sich hin, als sie mit Mahler 1910 nach Tobelbad aufbrach. Mit ihrem Berliner Kurschatten konnte sie endlich wieder die erotischen Sehnsüchte auskosten, die Gropius auch zu erfüllen wusste. Sie war kein Vamp und keine Femme fatale und doch wusste sie geschickt intellektuelle Augenhöhe mit Begierde zu kombinieren. Ihr Stärke war die Schwäche der Männer.

Walter Gropius kam aus einer wohlhabenden Architektenfamilie und hatte mit seinem Studium in München und Berlin die berufliche Tradition fortgesetzt. Nach einer Anstellung im Büro des berühmten Designers Peter Behrens entschied er sich für die Selbstständigkeit. Seine modernen Ideen zu Architektur und Formgestaltung fanden vielfach Beachtung und galten schon früh als richtungsweisend. Nun lenkten ihn die Gedanken an das „Wiener Kätzchen" zunehmend von der Arbeit ab, denn nach dem unbefriedigenden Techtelmechtel in der Steiermark riss die Verbindung keineswegs ab. Das Kätzchen wollte mit beiden Mäusen spielen. Der eine wurde zum feurigen Liebhaber, der andere zum existenzsichernden Ehemann erklärt. Letzterer trug sie seit der drohenden Poussage auf Händen. Um sie zurückzuerobern, widmete er ihr sogar seine 8. Sinfonie. Auch Gropius buhlte um ihre Gunst, und Alma genoss das Begehren ihres Liebhabers. Ganz präzise stimmten sie die heimlichen Treffen auf Mahlers Konzertreisen und Probetermine ab. Während einer schweren Erkrankung Mahlers nutzte Alma die Gelegenheit, Gropius zu locken: „Wann wird die Zeit kommen, wo du nackt an meinem Leib liegst, wo uns nichts trennen kann, als höchstens der Schlaf?"

Eine nicht auskurierte Herzkrankheit schuf vollendete Tatsachen: Mahler starb 1911 mit knapp 51 Jahren. Freie Bahn für Gropius? Keineswegs, das Verhältnis hielt Alma zunächst auf Sparflamme, der Kontakt mit ihrer Fernbeziehung fand nur sporadisch statt. Ein Flirt mit dem Wiener Maler Oskar Kokoschka war da naheliegender. Eigentlich sollte dieser lediglich ein Porträt von ihr malen, aber der Künstler erklärte sie sogleich zu seiner Muse und das Auftragsverhältnis entpuppte sich als erotischer Schlagabtausch. Er liebte sie bis zur Raserei, doch einen Heiratsantrag lehnte sie ab und trieb ohne sein Wissen das gemeinsame Kind ab. Ihr Tagebuch befragte sie im Mai 1914: „Liebe ich diesen Menschen noch? Oder hasse ich ihn bereits?"

Dann mischte der erste Weltkrieg die Karten neu. Der ungestüme Kokoschka wie auch der Reservist Gropius wurden eingezogen und Alma sprengte die ihr zu enge Bindung zum Wiener Maler. Zeit, um wieder mit dem erfolgreichen Berliner Architekten in intensiveren Kontakt zu treten. Eigentlich hatte man Gropius vor der skandalträchtigen Witwe gewarnt, aber als Alma ihm den kleinen Finger reichte, wollte er die ganze Frau.

Alte Liebe unter neuen Vorzeichen! Gropius' Fronturlaub wurde für beide zur sinnlichen Auszeit, während die Welt um sie herum zusammenbrach. Sicher waren es auch die unsicheren Zeiten, die das Paar 1915 in eine überstürzte Heirat führten. Niemand wusste von der Hochzeit, selbst die Trauzeugen wurden spontan von der Straße geholt. Walter kehrte unverzüglich zur Truppe zurück, während Alma in ihren gewohnten Wiener Alltag fand. Sie schrieb in ihr Tagebuch: „Es ist sicher die merkwürdigste Ehe, die sich denken lässt, so unverheiratet, so frei und doch gebunden." Die Beziehung beschränkte sich weiterhin auf die raren Urlaubstage, die sich zumeist in den Betten abspielten. „Ich bin sehr sinnlich, sehne mich beständig, nach den unerhörten Dingen, möchte wie ein Polyp Dich von allen Seiten einsaugen, aussaugen Geliebter!" schrieb Alma fordernd.

Kurze Zeit später war der Polyp schwanger und brachte 1916 die Tochter Manon zur Welt. An der weit entfernten Front sah Walter tagtäglich dem Tod ins Auge. Alma langweilte sich indessen in Wien. Ihre Empfindungen für Gropius waren einer „müden Dämmerehe" gewichen. Sie suchte das für sie Naheliegende in dieser Situation, – einen neuen Liebhaber. Es war der expressionistische Schriftsteller Franz Werfel, von dem sie schon kurze Zeit später ein Kind erwartete.

Gropius, im festen Glauben, das Baby sei in einem wilden Fronturlaub gezeugt, freute sich auf den kleinen Martin. Doch während der Schwangerschaft kam es zu Komplikationen, die Geburt im August 1918 wurde verfrüht eingeleitet und im Mai 1919 starb der kranke Junge, von der Mutter im Krankenhaus zurückgelassen. Durch einen Zufall erfuhr Walter Gropius von seinem Widersacher, als er intime Plaudereien seiner Frau mit Werfel am Telefon belauschte. Es kam zum Eklat! Wie weiter? Werfel, dem Alma wegen seines „verkommenen Samens" die Schuld am Tod des Jungen gab, war ihr hörig. Sie spielte ihre Dominanz aus und befahl Werfel auf Abstand. Das Kriegsende brachte für alle Beteiligten den erhofften Neuanfang. Alma bat um die Scheidung und Walter willigte ein. Das Sorgerecht für die gemeinsame Tochter Manon lag weiterhin bei der Mutter, die nun frei für Werfel war. Walter Gropius ging nach Weimar und übernahm dort die Leitung des Staatlichen Bauhauses, das unter seiner Führung und durch seine Schüler in Architektur, Kunst und Design Weltgeltung erreichen sollte.

Fern von Wien, im entfernten Thüringen warf sich Gropius mit ganzem Einsatz in seine neuen Aufgaben und in neue Affären. Schon 1919, die Scheidung war amtlich noch nicht vollzogen, begann er ein erotisch aufgeladenes Verhältnis mit der verheirateten Lily Hildebrandt aus Stuttgart. Er schrieb ihr: „Lege eine Blume zwischen

Deine holden Schenkel, wenn Du heiß von Gedanken bist und schick sie mir so im Brief." Auch hier beschränkte die räumliche Trennung das Verhältnis auf Hotelbetten, wobei vor Ort eine junge, attraktive Kriegswitwe den kürzeren Weg hatte.

Im Mai 1923 fuhr Gropius für einen Vortrag über „Die Einheit von Kunst, Technik und Wirtschaft" nach Hannover. In der ersten Reihe saß die junge Journalistin Ise Frank, welcher er im Verlauf der Rede seine ganze Aufmerksamkeit widmete. Die stürmische Brautwerbung nahm hier ihren Anfang. Obwohl Ise bereits mit ihrem Cousin Herman verlobt war und die Familie im fernen München die Hochzeitsvorbereitungen traf, ließ Gropius nicht locker. Schließlich erlag sie seinem Werben, trennte sich von ihrem Verlobten und gab noch im gleichen Jahr dem „Herrn Direktor" ihr Ja-Wort. Mit ihm gemeinsam setzte sie sich tatkräftig für die Studenten und Belange des Bauhauses ein, was dieser auch gern würdigte: „Meine süße Frau Bauhaus, Du bist eine Tausendsassa und kannst Dich vor Stolz blähen." Nach einer Fehlbehandlung eines Arztes und dem Verlust eines Babys blieb die Ehe kinderlos. Trotz aller Höhen und Tiefen hielt die Ehe, selbst nach den Angriffen der Nationalsozialisten auf die Bauhaus-Idee und der folgenden Emigration mit einem Neuanfang in Amerika. Als Walter Gropius 1969 hochbetagt und hochgeehrt verstarb, verlas man sein 1933 verfasstest Testament.
„Es wäre schön, wenn alle meine Freunde aus Gegenwart und Vergangenheit nach einem Weilchen zu einem Fest zusammenkommen würden, à la Bauhaus, und tränken, lachten, sich liebten. Dann würde ich bestimmt dabei sein, mehr als im Leben. [...] Die Liebe ist das Wesen aller Dinge."

„Ihr Stil war der von Wagners Brünhilde, transportiert in die Atmosphäre der Fledermaus."

Ernst Krenek, Erinnerungen

Alma Schindler um 1900

Gustav Mahler

Franz Werfel

Ein
Grammophon
für den
Shimmy

Otto Dix erobert in den Goldenen Zwanzigern als Bürgerschreck
und „Mann mit dem bösen Blick" die Galerien der Moderne.
Mit seinem ersten Porträtauftrag für den Kunstmäzen Hans Koch lernt
er dessen Frau und die Liebe seines Lebens kennen.

Klapperdürr war Otto Dix zwei Jahre nach dem Krieg immer noch und malte sich die schrecklichen Erinne-rungen an die Schützengräben von der Seele. Vorerst war damit kein Geld zu verdienen.
So kam ihm 1921 der Auftrag für ein Porträt des Düsseldorfer Urologen und Kunstsammlers Dr. Hans Koch gerade recht. Dix reiste ins Rheinland, bettelarm, aber mit Lackschuhen. Sitzungen von täglich drei Stunden wurden vereinbart. Es war nicht nur der stilvolle Wohlstand des Hauses Koch, der Dix nach all der Tristesse gut tat, es gab auch immer etwas Gutes zu essen und zu trinken. Dafür sorgte die Hausherrin Martha Koch.
Überrascht von dem jungen Maler – sie hatte einen pickligen Blonden erwartet – sah sie einen Mann mit scharf-kantigem Gesicht, der sie mit unwahrscheinlich hellen Augen ungeniert musterte.
Nach den Sitzungen saßen das Ehepaar Koch und Dix am Abend im Salon beisammen. Man speiste, rauchte, trank und unterhielt sich angeregt. Im Hintergrund war Radiomusik zu hören. Als ein Shimmy erklang, ein amerikanischer Modetanz der zwanziger Jahre, konnte Martha nicht mehr still sitzen. Ihr Körper nahm den Rhythmus auf und Dix, der diese Musik ebenfalls liebte, sah es und zog sie aus dem Sessel. Die unternehmungs-lustige Martha erkannte sofort, dass Dix nicht nur gern, sondern auch wahnsinnig gut tanzte. Ein Grammophon wurde angeschafft.
Von da an wurde jeden Abend getanzt. Dix und Martha gaben sich den heißen Rhythmen hin. Auf engstem Raum schüttelten sie immer leidenschaftlicher die Schultern, kreisten mit den Hüften, die kleinen schnellen Schritte schlugen Stakkato im Takt und ihre Körper wurden ganz und gar zu Shimmy. Aus jeder Bewegung sprach leidenschaftliches Begehren und sie genossen es. Koch saß dabei in seinem Sessel, rauchte, trank und

blickte ziemlich unaufgeregt auf die lodernde Begierde des Tanzpaares. Bald war klar, es gab kein Zurück mehr. Da Hans Koch schon geraume Zeit ein Verhältnis mit Marthas Schwester Maria pflegte, wurde man sich schnell einig.

Die zwei Kinder der Kochs blieben bei ihm und der Schwester und nannten Dix, von seinem Lieblingstanz abgeleitet, Onkel Jimmy. Martha zog mit Dix nach Dresden und bekam mit ihm drei weitere Kinder. Zwischen beiden Familien herrschte freundschaftliche Eintracht. Für jedes der fünf Kinder zeichnete Dix im Laufe der Jahre ein Kinderbuch.

Die Ehe von Otto und Martha – Jim und Mutzli – verlief stürmisch. Sie stürzten sich in das Nachtleben der „Goldenen Zwanziger" und dachten ernsthaft daran, Profitänzer zu werden. Leidenschaftlich genossen sie ihre Liebe, Auseinandersetzungen wurden gnadenlos heftig ausgetragen. Langweilig wurde es nie.

Spiel
mit dem
Glück

Hans Fallada

Ein Spätzünder mit Süchten und Selbstmordgedanken.
Klein beigeben wollte er aber nicht, seine Werke mit Welterfolg sind der beste Beweis.
Dafür schöpfte der Frauenheld biographisch aus dem Vollen.

Der Junge lag bereits im Bett, als seine Mutter weinend in das Zimmer kam. Tränenüberströmt ging sie auf und ab, drückte immer wieder seine Hände, unfähig ein Wort herauszubringen. Plötzlich legte sie eine Mappe auf das Bett und rief verzweifelt in Richtung Zimmerdecke: „Und ich dachte, mein Junge wäre noch unschuldig!" Dann verließ sie fluchtartig den Raum. Das Versteck in einem abgeschlossenen Schreibsekretär war also doch nicht sicher gewesen. Vorsichtig schlug der pubertierende Bursche sein kleines Erotikon auf. Darin versammelten sich Aktzeichnungen, die seine künstlerische Hand noch mit Farbe verschönert hatte, mit dem Ergebnis von „schrecklich rosa angepinselten Weibsen, die wie Marzipanschweinchen aussahen".

Sexuelle Aufklärung fand in der gutbürgerlichen Familie des aufstrebenden Juristen Wilhelm Ditzen nicht statt. Daher konsultierte der Vater zur Lösung des Problems mit den Marzipanschweinchen den Hausarzt, der feststellte: „Die seelische Überreizung Ihres Sohnes hat ihre Ursache in seiner vollkommenen sexuellen Unaufgeklärtheit."

Zurück in der Familie wurde erneut der Mantel des Schweigens über den Vorfall ausgebreitet, in Kombination mit Beruhigungsmitteln für den Sohn Rudolf Ditzen, der erst viel später unter dem Pseudonym Hans Fallada weltberühmt werden sollte.

Doch zunächst drehte sich die Welt des 1893 in Greifswald geborenen und mit vier Geschwistern aufwachsenden Jungen um ganz andere Probleme. In der Kindheit oft krank, teils lebensgefährlich verletzt, in der Schule gemieden, trat der schüchterne und empfindsame Rudolf lieber den Rückzug an, als in die Offensive zu gehen. Der fehlende Rückhalt bei den Eltern verschlimmerte noch seine Außenseiterrolle und den Ruf als „Pechvogel der

Familie". Gedanken an Flucht aus dem Elternhaus und Selbstmord kamen auf. Mit dieser Gefühlslage belastet, verfasste der Siebzehnjährige zu allem Überfluss anonyme Briefe an die Familie seiner angebeteten Käthe Matzdorf und beschrieb darin seine eigenen Wunschvorstellungen: „In den Anlagen der Promenade zwischen fünf und sechs Uhr werden Sie den Schüler Ditzen mit Ihrer Tochter Unzucht treiben sehen. Ein Freund des Hauses, der wacht."

Durch einen simplen Schriftvergleich und Verhöre flog die ganze Sache auf und der Verfasser sah als einzigen Ausweg, sich mittels Selbstmord aus dieser heiklen Situation zu befreien. Es blieb beim Versuch! Das Maß war voll, der Vater gab nach Umwegen über Hannover und Schnepfenthal den Jungen in ein Sanatorium nach Bad Berka. Das verhasste „Satanorium" verließ er in Richtung Rudolstadt, um seine gymnasiale Laufbahn fortzusetzen.

Diese geriet indessen vollends zur schiefen Bahn. Von den Schriften Nietzsches und Oscar Wildes tief beeindruckt, beschloss Rudolf mit seinem Schulfreund Hanns Dietrich von Necker am 17. Oktober 1911 einen als Duell um ein beleidigtes Mädchen getarnten Doppelselbstmord zu begehen. Beim Schusswechsel starb von Necker, während Ditzen schwer verletzt überlebte. Die erste Reaktion der Mutter, als sie von der Tragödie erfuhr, soll der Ausruf gewesen sein: „Gott sei Dank, wenigstens ist es nichts Sexuelles!"

In der Psychiatrischen Klinik in Jena untersucht, überstellte man den tief verstörten Achtzehnjährigen nach Tannenfeld. Die Anklage wegen Totschlags ließ die Justiz wegen Schuldunfähigkeit fallen. Eine Zukunft schien es nicht zu geben!

Ohne Schulabschluss entschied der dürre, unscheinbare und von blasser Gesichtsfarbe gezeichnete Rudolf Ditzen nach dem zweijährigen Aufenthalt in der Nervenheilanstalt 1913, eine landwirtschaftliche Ausbildung auf dem Gut Posterstein zu absolvieren. Mit Kriegsbeginn meldete er sich als Freiwilliger, wurde aber als untauglich eingestuft und strandete im Berliner Sammelbecken aus Kriegswitwen, dunklen Gestalten und Prostituierten. Hier lernte er die Buchhalterin Hedwig Jagusch kennen und verlobte sich mit ihr. Zur gleichen Zeit offenbarte er seiner Geliebten Anne Marie Seyerlen: „Nach einer Reihe von Pubertätsjahren, die mir keinen Fall von gelungenem Geschlechtsverkehr brachten, die mich ernstlich an meine vollkommene Impotenz glauben ließen, lernte ich Hedwig kennen. Sie reizte mich rein körperlich erotisch. Gewiss war sie nicht mehr als ein lymphatisches, dickes Stück Fleisch. […] Was ich bisher kennen gelernt hatte, war das Bordell, mit seiner Unbefriedigung und die Onanie mit ihren rein gehirnlichen Reizen."

Beide Beziehungen fallen mit den letzten Kriegsmonaten in sich zusammen. Einerseits wegen Entfremdung, andererseits wegen der Rückkehr von Herrn Seyerlen. Erneutes Scheitern, erneuter Selbstmordversuch nach Depressionen! Es ist die gleiche Zeit und dasselbe Milieu, welche die Alkohol- und Morphiumsucht, aber auch erste schriftstellerische Gehversuche hervorbringen.

„Denn so sind die Menschen: Eine gemeinsame Furcht

führt sie leichter zusammen als eine gemeinsame Liebe."

Fallada

Der verhängnisvolle Kreislauf aus Sucht, Entzug, Finanzierung der Sucht, Haftstrafen und immer wieder Aufstehen wurde erst unterbrochen, als er 1928 Fräulein Anna Issel in Hamburg kennenlernte. Nach einer erneuten Haftstrafe wegen Unterschlagung sah er einen Neubeginn nur im Beitritt zur Abstinenzbewegung der Guttempler. In diesen Kreisen war er auch der einfachen, praktisch veranlagten Lageristin begegnet.

„Was ein junges und ausnehmend gut aussehendes Mädchen an mir findet, ist mir nicht ganz verständlich, aber jedenfalls bin ich wirklich derartig glücklich, dass ich alle Augenblicke Herzklopfen bekomme."

Er zögerte dieses Mal nicht lang, offenbarte seine ganze Vergangenheit und machte der 27-jährigen Schönheit einen Heiratsantrag. Ein Satz aus den frühen, schwärmerischen Brautbriefen sollte mit tiefer Wahrheit behaftet bleiben: „Vielleicht wirst Du mir öfter im Leben etwas zu verzeihen haben. Das ist eben das Schwere, was Dir auferlegt ist."

Überglücklich besiegelten beide im April des Folgejahres mit dem Tausch der Ringe ihren Bund. Aus dem Eheglück gingen vier Kinder hervor. Die erste Schwangerschaft kam etwas unvermittelt, da das Paar aufgrund der Vorgeschichte von Alkohol und Drogenmissbrauch an eine Unfruchtbarkeit Rudolfs glaubte. Noch mussten beide von Freunden und Verwandten finanziell unterstützt werden, aber der schriftstellerische Erfolg ließ nicht mehr lange auf sich warten. Suse, wie er seine Frau liebevoll nannte, zeigte einen guten Einfluss auf seine Arbeit. „Sie hat einen Verbummelten wieder das Arbeiten gelehrt, einen Hoffnungslosen die Hoffnung", bekannte Hans Fallada überglücklich. Mittlerweile war er unter diesem Pseudonym aufgetreten und hatte sich in der Namensfindung bei den Gebrüdern Grimm bedient: Hans im Glück und die Geschichte vom treuen Pferd Fal(l)ada standen Pate. Anfang der dreißiger Jahre erschienen kurz hintereinander die Erfolgsromane mit fein nuancierten Milieustudien und herber Gesellschaftskritik „Bauern, Bonzen und Bomben" sowie „Kleiner Mann – was nun?". Vom Erfolg überrollt, zog das Paar von Berlin in die mecklenburgische Einsamkeit und erwarb das Gut Carwitz. Ein gut bürgerliches Eheleben mit der Frau am Herd, dem Mann im Arbeitszimmer und den spielenden Kindern im Garten.

Der erste Einstieg in den Abstieg war der Alkohol. Dazu kamen immer häufiger Affären. Mal faszinierte den berühmten Schriftsteller eine Berliner Bardame, mal ein Hausmädchen, mal eine Dorfschönheit. Er wusste, dass er

Suse wehtat und bat oft um Verzeihung: „Aber sie hatte, wie einst auch T., jene Vorliebe für erotische Spielereien, die mir immer so wichtig waren, und für die Du [Suse] so gar keinen Sinn hast."

Und sie verzieh, immer und immer wieder! Auf dem Höhepunkt der Ehekrise 1944, als er seine Suse im eigenen Haus betrog und sie die letzte war, die davon erfuhr, gestand er seinem Freund Johannes Kagelmacher: „An sich war ihr das nichts Neues. Fast von Anfang meiner Ehe an habe ich nebenbei Verhältnisse gehabt, manchmal hat meine Frau davon gewusst, manchmal es geahnt, manchmal blieb es ihr verborgen."

Das Vertrauen aber war nun aufgebraucht, ein Manchmal war es zu viel. Im letzten Kriegsjahr wurde die Scheidung ausgesprochen. Rudolf Ditzen suchte Trost und fand ihn bei der reichen Witwe Ursula Losch, die auf der Flucht vor den Bombardierungen in Berlin am Rand des Nachbarortes ein Häuschen bezogen hatte. Der 51-jährige Rudolf Ditzen war der 22-Jährigen nicht gewachsen. Mit ihren künstlichen Locken, dem Make-Up und Nagellack hatte sie bereits im Dorf Aufsehen erregt. Doch die „lustige Witwe" wahrte ein düsteres Geheimnis, was beide auf schicksalhafte Weise verband: Morphium. Als Suse seine reumütige Rückkehr verweigerte, heiratete Fallada Ulla Losch kurzerhand am 1. Februar 1945 in Berlin. Die Trauzeugen waren Freunde aus alten Tagen, die es aber nach einem überstandenen Luftangriff vorzogen, den Feierlichkeiten fern zu bleiben. Fallada bekam einen Wutanfall und zertrümmerte die ganze Zimmereinrichtung, um dann nur befriedigt festzustellen: „Es hätte keine Hochzeit Hans Falladas sein dürfen, wenn dies nicht passiert wäre."

Das weitere Eheleben ist kurz erzählt und bewegte sich zwischen Sucht, Begierde und Resignation. Das Kriegsende war für Ulla kein Neuanfang, sie erlitt eine Fehlgeburt und der von Johannes R. Becher protegierte Schriftsteller wollte sie verlassen. Taktierend stimmte sie zu, aber nur wenn Suse ihn ein zweites Mal heiraten würde. Doch von der geschiedenen Frau Ditzen gab es ein klares „Nein!" Das Ende der Ehe war ihr zu schmerzhaft gewesen.

So klammerten sich Rudolf und Ulla an das, was ihnen noch blieb: ihre Sucht. Nach mehreren Entziehungskuren und Klinikaufenthalten starb Hans Fallada in einem Berliner Krankenhaus an Herzversagen. Noch Jahrzehnte nach seinem Tod gestand Anna Issel, die nie wieder geheiratet hatte, dass sie je nur einen Mann lieben konnte: „Als er [Fallada] starb, weinte ich, wie eine Frau weint, deren Mann gestorben ist."

„Von weitem sieht eine
Ehe außerordentlich
einfach aus."
Fallada

Illustration zum Märchen „Die Gänsemagd"

„Fallada ist am Leben mit einer Größe
gescheitert, wie sie nur wenige aufbringen,
die es mit Erfolg bewältigen."
Peter Walther, Biograf

Weil es wie Liebe klang

Kurt Weill

*Er, einer der größten Komponisten des letzten Jahrhunderts und Schöpfer der „Dreigroschenoper"
und sie, Muse und Sängerin, verlieben sich auf den zweiten Blick und auf schwankenden Planken.
Das hält ein Leben lang und hilft ihnen, Berlin und Hollywood zu erobern.*

„Die Zaubernacht", ein Ballett, komponiert von Kurt Weill, stand 1922 im Theater am Kurfürstendamm auf
dem Spielplan. Lotte Lenya bewarb sich um eine Rolle als Tänzerin, stand auf der Bühne und sollte dem Komponisten vorgestellt werden. Auf ihre Frage „Wo ist er denn?" deutete man auf den Orchestergraben. Eine leise
Stimme klang von unten: „Es freut mich, Ihre Bekanntschaft zu machen, Fräulein Lenya." Zu Gesicht bekam
sie ihn nicht und die Orchesterproben übernahm fortan der Dirigent George Weller.
Der meistgespielte Dramatiker in der Zeit der Weimarer Republik, Georg Kaiser, war überrascht von Weills
Kompositionen und deren Wirkung auf Theaterbühnen. Er beschloss, einen Text für ein Musiktheaterstück zu
schreiben und lud den jungen Komponisten in sein Haus ein. Es war der Beginn einer langjährigen Zusammenarbeit. Lotte Lenya war mit dem Ehepaar Kaiser befreundet und weilte ab und an einige Tage zur Erholung in
deren Haus in Grünheide am Peetzsee bei Berlin.
Eines Sonntags 1924 bat Kaiser die junge Frau, doch einen Komponisten vom Bahnhof abzuholen. Der kür-
zeste Weg war mit dem Boot über den See. Lotte fragte noch schnell: „Wie erkenne ich den Mann?" Kaiser gab
in seiner trockenen Art zurück: „Ach, die sehen doch alle gleich aus." Und dann stieg der Mann aus dem Zug.
Gekleidet war er eher wie ein Theologe, fand sie, brav und mit schwarzem Hut. Nur die hellwachen Augen hinter
der dicken Brille passten nicht recht zu der biederen Erscheinung. Die junge Frau bat ihn also, im Boot Platz zu
nehmen. Er setzte sich an die Spitze und sie sich auf die Ruderbank. Sie meinte lakonisch: „Nach althergebrach-
ter deutscher Art – die Frau macht die ganze Arbeit". Er sah sie aufmerksam an und sagte nach einiger Zeit mit
leiser Stimme: „Wissen Sie, Fräulein Lenya, wir sind uns schon mal begegnet." „Ach wirklich? Wo denn?"

„Es gibt nur noch eins, was eine ähnliche Wirkung auf
mich ausübt wie ich mir die Liebe denke: Beethoven."

Weill

Von dem Moment an knisterte Spannung im Boot. Sie versanken in scheinbar geistesabwesendes Schweigen und Lotte ruderte den Komponisten seinem Ziel entgegen. Am Steg machte sie das Boot fest und reichte Weill hilfreich die Hand zum Aussteigen. – Er fasste fest zu und ließ nicht mehr los.

Als Neunzehnjähriger hatte Kurt an seinen Bruder geschrieben: „Ich möchte mich einmal bis zum Rasendwerden verlieben, […] ich glaube, das wäre wohltuend. Es gibt nur noch eins, was eine ähnliche Wirkung auf mich ausübt wie ich mir die Liebe denke: Beethoven."

Sie gingen ruhig auf das Kaisersche Haus zu. Ganz selbstverständlich überließ sie ihm ihre Hand. Er empfand: Jetzt ist es geschehen, und Lotte staunte über ein Gefühl freudiger Helligkeit.

Ihre bis dahin grundverschiedenen Lebenswege spielten dabei keine Rolle. Weill stammte aus einer wohlsituierten jüdischen Familie in Dessau, die seine musikalische Begabung von Kind an förderte. Lenya hatte eine von der Trunksucht des Vaters überschattete ärmliche Kindheit und riss als ganz junges Mädchen von zuhause aus, um in Zürich Schauspielerin und Tänzerin zu werden. Gemeinsam war ihnen nun ein plötzlich entflammtes starkes Gefühl füreinander.

Es wurde Liebe daraus. Georg Kaiser vermietete ihnen zum Freundschaftspreis eine Zweizimmerwohnung in Berlin und 1926 heirateten sie. In einem Zimmer standen Weills Klavier und Schreibtisch. Das zweite Zimmer fungierte als Wohn-, Schlaf-, Esszimmer. Nach kurzer Zeit konstatierte Lotte, dass Kurt jeden Morgen sieben Uhr in sein Arbeitszimmer ging, nur zu den Mahlzeiten das gemeinsame Zimmer betrat und abends wieder an seinem Schreibtisch saß. Sie war unzufrieden mit dem Zusammenleben und beklagte sich. Durch seine dicke Brille sah er sie ganz ernst an und sagte: „Aber Lenya, du weißt doch, dass du gleich nach meiner Musik kommst." Die Musik war für Kurt Weill Arbeit und Hobby zugleich und Lotte akzeptierte das schließlich, waren sie doch beide auf der Suche nach einem eigenen künstlerischen Weg. Weill sagte über seine Frau: „Sie ist eine miserable Hausfrau, aber eine sehr gute Schauspielerin. Sie kann keine Noten lesen, aber wenn sie singt, hören die Leute zu wie bei Caruso." Komponisten, deren Ehefrauen Noten lesen konnten, hat er immer bedauert. Doch wenn er Lotte ein neues Stück vorspielte, wartete er gespannt auf ihre unverblümte Meinung. Inzwischen berühmt als kongeniale Interpretin seiner Songs, war Lotte glücklich über die kreative Zusammenarbeit mit Kurt und sein Interesse an ihrer Arbeit als Schauspielerin und Sängerin.

Noch boten die „Goldenen Zwanziger" den besten Nährboden für ihre künstlerische Exaltiertheit. Kurt Weills Musik polarisierte. Die Mehrheit der Kritiker empfand die Klänge als provokant und prophezeite den Zerfall der Gesellschaft. Nur wenige erkannten in Weills Kompositionen den völlig neuen Weg zu einem modernen Musiktheater. Die Zusammenarbeit mit Brecht führte zu spektakulären Erfolgen, aber auch manchem Eklat vor und hinter den Kulissen. „Aufstieg und Fall der Stadt Mahagonny" und die „Dreigroschenoper" wurden Publikumsmagneten und sorgten von Abscheu bis Begeisterung für heftige Gefühlsäußerungen, bis hin zu Schlägereien im Publikum. Die Presse überschlug sich in Sensationsberichten. 1929 schmähte die NSDAP zum ersten Mal öffentlich im „Völkischen Beobachter" die „Dreigroschenoper" als „Drecksumpf", der nur ein Fall des „polizeilichen Straßenreinigungsverfahrens" sein könne. Die teils fragwürdige Popularität brachte jedoch endlich materielle Erfolge. Im Künstlervorort Kleinmachnow kauften sich Kurt Weill und Lotte Lenya ein Haus.

Die Leidenschaftlichkeit im Liebesleben zwischen dem Ehepaar war in der betriebsamen Hektik der Jahre auf der Strecke geblieben. An deren Stelle trat eine treue Freundschaft. Bald sah sich Weill als Jude offenen Anfeindungen ausgesetzt, die sich auch auf Lotte auswirkten. Das Wort „Rassenschande" war im deutschen Sprachgebrauch alltäglich geworden. Schon frühzeitig sah Weill Emigration als einzigen Ausweg an. Auch seine Eltern bereiteten ihre Auswanderung nach Palästina vor. Es gelang schon nicht mehr, Geld ins Ausland zu transferieren. So beschlossen beide 1933 die Scheidung, damit Lotte wenigstens einen Teil der materiellen Güter vor der Beschlagnahme retten könne. Weill war nach Paris emigriert und arbeitete zeitweise auch in London. Dort traf er 1935 zum ersten Mal nach der Trennung wieder mit Lenya zusammen. Sie stürzten sich in die Arme und konnten lange nichts sagen. Schmerzhaft begriffen sie, wie sehr sie sich vermisst hatten. Sie hielten sich an den Händen wie damals am Peetzsee und wollten sich nie mehr loslassen. Die Liebe war stärker als je zuvor und es gab nur ein Ziel: zusammen bleiben, wo auch immer. In Deutschland war Weills Musik als „entartete Kunst" diffamiert und verboten worden, und Lotte Lenya wurde immer seltener engagiert. 1936 wanderten sie nach Amerika aus und heirateten zum zweiten Mal. Schaffensreiche Jahre folgten mit Höhen und Tiefen im Moloch Hollywood. Kurt Weill starb schon mit 50 Jahren an Herzversagen. Lotte Lenya überlebte ihn um 31 Jahre, bewahrte und pflegte seinen Nachlass. Kurt Weills Musik – leidenschaftlich, erotisch, politisch – trifft immer noch und heute erst recht mitten ins Herz.

Kurt Weill an Lotte Lenya:

Liebe Ameisenblume,

du hältst mich wohl für ein vollkommenes Doofi, wenn du glaubst, ich hätte mir nicht schon einen Kragen und Schlips gekauft (ein Hemd habe ich noch). Das Dinerjaket ist eben gekommen, es sitzt fabelhaft und sieht schnieke aus (15,-dollar!), die Damen werden Augen machen. Ich habe allerdings gar keine Lust zu der Party [bei George Gershwin] zu gehen, ins Gershwin-Konzert gehe ich jedenfalls nicht sondern mit Cliff ins Kino. Sonntag nachmittag war ich bei Viertels. Er ist ein alter Trottel und sie ist ein grauenvolles Weib. Die werden mich wohl sobald nicht wiedersehen. Abends war Diner bei Mirjam Hopkins, die ganz nett ist, aber furchtbar kalt und oberflächlich. Das war ein typischer Hollywood-Abend, wundervolles Essen auf herrlichem Geschirr usw., Unterhaltung nur und nur und ausschließlich Film und Hollywood und Hollywood und Film, bis alle besoffen waren, dann wurden Lieder gesungen und faule Witze erzählt. Dabei waren das noch nette Leute. Gloria Swanson war da. Sie ist immer noch sehr schön, aber von einer desperaten Schönheit (alt werden dürfen die hier nicht, da können sie sich gleich begraben lassen). [...]

Schnubi

Lotte Lenya

Marlene Dietrich

Verführerisch schön, klug, zuverlässig, und dann konnte sie auch noch kochen!
Im Sternzeichen Steinbock geboren wusste sie von Kind an, was sie wollte,
und fast immer bekam sie es auch.

In Entzücken versetzte sie schon als Baby jeden in ihrer Umgebung. Mit ihren blonden Locken, strahlend blauen Augen und herzerfrischendem Lachen war sie jedermanns Liebling. An Bewunderung gewöhnt, wuchs sie zu einem selbstbewussten und eigenwilligen jungen Mädchen heran, schwärmte für schöne und geistreiche Menschen beiderlei Geschlechts und für Luxus aller Art.

Tante Vally, eine elegante Dame mit herrlichem Schmuck, kostbaren Kleidern und den schönsten Schuhen der Welt wurde von ihr zärtlich umworben und bei jeder Gelegenheit auf Hände und Mund geküsst. Wenn sie zu Besuch war, legte sie ihr heimlich Rosen aufs Bett. Mit Jungen ihres Alters kokettierte Marlene nur leichthin und hatte harmlosen Spaß dabei. Doch bei jeder Begegnung mit einem gut aussehenden Mann, vor allem in Uniform, errötete sie, bekam Herzrasen und wollte unbedingt von ihm begehrt werden. Wunderbares Leben mit rauschenden Bällen und sie als Umschwärmteste mitten drin – das geisterte durch ihre Träume. An keinem Tag war sie nicht heftig in irgendwen oder irgendwas verliebt.

Allmählich machte sich die Mutter Sorgen um die exaltierte Tochter, fürchtete sogar, sie könnte mannstoll werden und wollte den Überschwang in einem Internat in gesittete Bahnen lenken lassen. So besuchte Marlene ab 1920 die Musikschule in Weimar und lebte im Pensionat für höhere Töchter der Frau von Stein.

Sie fühlte sich einsam in Weimar und sehnte sich nach Hause zu Familie und Freunden. Am schlimmsten war, dass sie gerade in nichts und niemanden verliebt war, alles erschien ihr einfach nur trist. Eine Abwechslung erlebte sie endlich mit dem jungen Bäcker Wilhelm Michel aus Hannover – von ihr liebevoll „Michelein" genannt – der ihre schwärmerische Sehnsucht erregte. Und er, fern von zuhause, um in Weimar das Thüringer Bäckerhand-

werk zu studieren, war nur allzu bereit, ihre Gefühle dankbar zu erwidern. Sie fühlten sich als Seelenverwandte und kosteten die Romantik ihrer heimlichen Begegnungen lustvoll aus. Das gegenseitige Anhimmeln wäre nicht mehr lange nur platonisch geblieben, als Michel in seine Heimatstadt zurückkehren musste. In der Goethe-Stadt blieb eine zutiefst betrübte Marlene zurück und schrieb ihren Liebeskummer in Gedichten nieder.

Von der schönen Tante Vally hatte sie ein Tagebuch geschenkt bekommen. Ihm vertraute sie jahrelang ihre Erlebnisse und Gedanken an, so auch, als sich endlich wieder etwas Aufregendes in der alltäglichen Unzufriedenheit anbahnte.

Ihr Geigenlehrer, Professor Reitz, ein gut aussehender Mittvierziger mit tadellosen Manieren und sprödem Charme, war von Anfang an vernarrt in seine schöne Schülerin und geriet mehr und mehr in ihren Bann. Marlene, für die Lehrer bisher tabu waren, bemerkte das sofort, und kokett heizte sie die Atmosphäre an. Von Tag zu Tag steigerte sich das Verlangen des Professors, seine Schülerin zu berühren, ja manchmal ballte er ganz fest die Fäuste in den Taschen, um nicht über sie herzufallen. Eines Tages versperrte er entschlossen die Tür, und von der Händelsonate auf dem Stundenplan war keine Rede mehr. Für Marlene gab es kein Zurück. Letzte Angstgefühle waren verdrängt durch heftiges Verlangen, endlich das geheimnisvolle Unbekannte zu erleben.

Was dann geschah, erfuhr das Tagebuch nie. Erst Jahrzehnte später vertraute Marlene ihrer erwachsenen Tochter Maria das Erlebnis an. „Nicht einmal die Hosen hat er ausgezogen.“ Der Plüsch des alten Sofas habe ihr am Hintern gekratzt, der Rock war über ihren Kopf geschlagen. „Er stöhnte und schwitzte. Es war furchtbar“. Nichts, aber auch gar nichts geschah dabei wie in vielen Träumen erhofft, es war einfach nur enttäuschend und peinlich.

Ein Schock für immer war diese unromantische Deflorierung zum Glück nicht. Später lagen die schönsten und interessantesten Männer der Welt und manchmal auch Frauen nicht nur zu ihren Füßen.

Gert Fröbe

*Ein Weltstar, der auf der Bühne und im Film mit Tücke und eiskalter
Grausamkeit Herzen gefrieren ließ und im wirklichen Leben mit der vierten
„Klappe" die herzenswärmende Liebe fand.*

Er lag unter dem Bett, war nackt und fror. Alles musste blitzschnell gehen. Völlig unerwartet war der Ehemann nach Hause gekommen. Der neunzehnjährige Gert Fröbe aus Oberplanitz bei Zwickau, eigentlich zum Geigen- unterricht der Kinder bestellt, hatte von der lebenslustigen Mutter des Hauses seine erste Lehrstunde in Sachen Liebe erhalten. Obwohl noch ganz benommen von dem Erlebnis konstatierte er nüchtern: „Das Schlafzimmer hätte sie ruhig heizen können."

Spindeldürr, mit dickem Kopf, roten Haaren und Sommersprossen hatte er als Kind nur eine Chance gegen die Hänseleien, er musste mit auffallenden Leistungen Respekt einfordern. Das schaffte er im wahrsten Sinne des Wortes spielend mit Zauberkunststücken, Clownerien, artistischen Auftritten; er spielte Geige, ohne Noten lesen zu können und machte sich später sogar als „der rote Geiger von Zwickau" einen Namen. Als junger Mann hatte er sein Talent zum Malen entdeckt und wollte an der Dresdner Kunstakademie studieren. Daraus wurde wegen seiner mangelhaften Schulbildung nichts. Aber man erkannte seine Begabung, und er bekam Arbeit im Maler- saal des Staatstheaters Dresden. Seine Einkünfte bewahrten ihn nur notdürftig vorm Verhungern. Er rettete sich durch Liebesverhältnisse mit Fleischer- und Bäckerstöchtern. In der Gaststätte „Bärenschenke" brachte er seine selbstgemalten Postkarten an den Mann und bekam so manchen deftigen Erbseneintopf spendiert. Mit der Gastwirtstochter hatte er praktischerweise ein Verhältnis angefangen.

Sein Theaterintendant gab ihm den Auftrag, ein Ölgemälde von dem legendären Schauspieler Erich Ponto für die Galerie des Hauses anzufertigen. Schon während der ersten Skizzen empfand Ponto Sympathie für den in- teressanten jungen Mann. Nur deshalb wagte Fröbe, ihm seine Lust auf das Schauspielen zu gestehen. Mit

Inbrunst und in breitem Sächsisch begann er, den Mephisto-Monolog vorzutragen. Auf den Staatsschauspieler muss das umwerfend komisch gewirkt haben, aber auch auf undefinierbare Weise ergreifend. Er bot ihm Schauspielunterricht an. Damit begann Gert Fröbes eigentliches Leben.

Wie ein Besessener spielte er alles, was man ihm von Theater und Film anbot. Leider waren es zunächst nur Nebenrollen und meistens Bösewichte. Er machte das jedoch so eindrücklich, dass seine Mutter von der Nachbarschaft immer misstrauischer beäugt wurde und ihn bat, doch auch mal gute Menschen darzustellen.

Die Kostümbildnerin Clara Peters wird 1937 seine erste große Liebe. Sie heiraten, und stolz fährt er mit ihr nach Oberplanitz zur Familie. Nach den Flitterwochen an der Ostsee stürzt er sich mit Feuereifer in die Arbeit. Sein Spieltrieb ist umwerfend. Er muss sich produzieren, weil er gierig nach Applaus und Anerkennung ist. Doch er braucht auch dringend Geld. Bei seinen Kollegen gilt er als Prototyp der „Rampensau". Er zieht mit seiner Cläre nach Wien und spielt dort endlich größere Rollen. Sein starkes Charisma lässt die sein unverwüstliches Sächsisch Bespöttelnden verstummen. Er steht mit berühmten Kollegen wie Curd Jürgens und O.W. Fischer auf der Bühne, verkehrt in Künstlerkreisen, und die Wiener Damenwelt drängt sich um den großen Sachsen mit dem Quadratschädel und der samtweichen Stimme. Die betriebsame Hektik lässt für die Ehe immer weniger Raum. Auch der inzwischen geborene Sohn kann die Entfremdung nicht verhindern. Später erfährt Fröbe, dass er zeugungsunfähig ist, trennt sich von seiner Frau und beendet auch rigoros das gute Verhältnis zu seinem Sohn. Obwohl Gert Fröbe NSDAP-Mitglied war, wurde er bald nach dem Krieg entnazifiziert. Für ihn sprach, dass er in Wien eine jüdische Frau mit ihrem Sohn in seiner Wohnung versteckt hatte, die das gemeinsam bestätigten. Der Weg auf die Bühnen in München und Berlin war frei. Endlich gab es wieder mehr zu essen. Fröbe tafelte mit Lust und Genuss und schuf sich seine massige Figur. Wöchentlich schickte er Pakete nach Oberplanitz. Seine geliebte Mutter kam nach Berlin und bekochte ihn mit Leibgerichten wie Rouladen und sächsischen Kartoffelklößen.

Die zweite Ehe von insgesamt fünf schloss er 1953 mit der Journalistin Hannelore Görtz. Sie hielt bis 1959. Als sie ihn mit dem für das gemeinsame Haus engagierten Innenarchitekten betrog, beendete Gert Fröbe die Beziehung sofort.

Ein Ruf aus Paris kam unerwartet. Er spielte an der Seite von Yves Montand und Curd Jürgens und wurde ein gefragter Filmstar in Frankreich. Das war endlich Balsam für seine geltungsbedürftige Seele. Er holte seine Mutter nach Paris, damit sie es miterleben und in der Heimat gebührend verbreiten konnte.

Es dauerte noch einige Jahre bis er in Deutschland die gleiche Popularität erreicht hatte. Ein Paukenschlag war 1958 der Film „Es geschah am hellichten Tag" nach dem Roman „Das Versprechen" von Friedrich Dürrenmatt, sein Gegenspieler war Heinz Rühmann.

Seine dritte Ehefrau wurde die Schauspielerin Tatjana Iwanow. Sie war ein rassiges Weib und Fröbe war beeindruckt von ihrer stilsicheren Eleganz und ihren kapriziösen Manieren. Die Familie in Oberplanitz war nicht begeistert – Schauspielerin und dann auch noch Russin. Tatjana erwartete einen pompösen Lebensstil. Den konnte sich Fröbe inzwischen leisten und zeigte das auch gern vor aller Welt. Lange behagte ihm das jedoch nicht. Die beiden eigenwilligen Persönlichkeiten trugen temperamentvolle Streitigkeiten aus. Wenn Fröbe wochenlang unterwegs war, gab Tatjana auf seine Kosten große Gelage, beherbergte und beköstigte den ganzen Donkosakenchor, der dann nicht ohne üppige Geschenke wieder abfuhr. Die Hauswirtsleute berichteten ihm hinterher von den Eskapaden. Diese Scheidung war seine teuerste.

Während der Dreharbeiten zu „Via Mala" reiste die Rundfunkreporterin Beate Bach an, um ein Interview mit dem Hauptdarsteller Gert Fröbe zu machen. Er wollte wie üblich ins Erzählen über sich selbst verfallen, ausgeschmückt mit seinen Lieblingsanekdoten, aber das klappte nicht. Frau Bach stellte Fragen, die in sein Inneres trafen und ihn zu seinem Erstaunen zu einfachen und ehrlichen Antworten brachten. Er fühlte das wirkliche Interesse dieser Frau an ihm als Menschen, und das tat ihm so gut. Am Ende des Interviews sagte Fröbe: „Eigentlich könnten wir jetzt heiraten." Und Beate Bach sagte „Ja!"

Die vierte Ehe wurde reines Glück für Gert Fröbe. Seine Frau war nicht nur liebreizend anzusehen, sie war klug, charmant und hatte Humor, und noch dazu war sie sehr häuslich. Ihren Beruf gab sie auf, um ganz für den geliebten Mann da zu sein. Sie beriet ihn bei der Auswahl der Drehbücher und reiste mit ihm zu den Filmaufnahmen. Wichtig waren ihr weder sein Geld noch sein Ruhm, sie liebte den Menschen Gert Fröbe, und der war glücklich und stolz. Er konnte es kaum erwarten, sie seiner Familie in Oberplanitz zu präsentieren, erledigte die bürokratischen Hürden nach dem Mauerbau und reiste mit seiner Frau in die alte Heimat bei Zwickau. Es wurde alles noch viel schöner, als er sich erträumt hatte. Seine Familie, am wichtigsten für ihn seine Mutter, waren hingerissen von dieser Frau, die ihren Gert anhimmelte, die kochen und schneidern konnte, und die sich sofort mit allen bestens verstand. Fröbe trug seine Frau auf Händen und bezog mit ihr ein Haus am Luganer See, das er nach seiner Mutter „Casa Alma" nannte. Dort verlebte er die glücklichste Zeit seines Lebens. Inzwischen riss sich die Elite der deutschen Filmregisseure um Fröbe. Er drehte mit Wolfgang Staudte und Helmut Käutner, Arthur Brauner hatte ihn unter Vertrag. Er arbeitete auch wieder mehr in Frankreich, wo man diesen Deutschen so liebte. Und dann kam „Goldfinger". Damit wurde Fröbe endgültig zum Weltstar. Sein Filmpartner Sean Connery nannte ihn später: „Mein bester Gegenspieler überhaupt". Jetzt war Fröbe endlich, wo er immer hin wollte, ganz oben, und seine geliebte Frau vergötterte ihn.

Bei den Dreharbeiten zu „Monte Carlo Rallye" 1968 in Rom war seine Beate wieder mit am Set. Doch dann fühlte sie sich nicht wohl und fuhr nach Hause. An den Wochenenden flog Fröbe voller Sorge zu seiner Frau. Sie lag mit Kreislaufschwäche und Bauchschmerzen im Krankenhaus. Nur mit Mühe konnte sie ihn überreden, zum

Drehort zurückzukehren. Dort erfuhr er dann am Telefon von ihrem Tod. Sie war an Magenkrebs gestorben. Gert Fröbe war am Ende. Niemand konnte ihn trösten, nicht einmal seine geliebte Mutter. Zwei Jahre lang tat er nichts mehr, er trauerte und fühlte sich wie ein verwundetes Tier.

Beates beste Freundin kümmerte sich manchmal um ihn. Karin Pistorius war geschieden und hatte eine Tochter, sie war das Patenkind seiner verstorbenen Frau und hieß ebenfalls Beate. Dem traurigen Fröbe tat es gut, mit Karin über sein verlorenes Glück zu sprechen, und das Kind heiterte ihn auf. Nach und nach kam bei beiden der Wunsch auf, sich zusammen zu tun. Sie heirateten 1970 in aller Stille. Es wurde eine erfüllende Beziehung daraus. Die kleine Beate wurde sein Ein und Alles. Er malte wieder. 1972 drehte er mit Lucino Visconti „Ludwig II." und erlebte das als professionellste und schönste Teamarbeit beim Film.

In seiner fünften Ehe fühlte er sich geliebt und geborgen und genoss es, sich mehr Zeit für sich und die Familie zu nehmen. Er spielte jetzt wieder mehr in kleineren Häusern und begeisterte das Publikum mit Gedichten von Christian Morgenstern. „Die Schnecke" rezitierte er nicht, er war die Schnecke – zum Niederknien schön. Tragisch ist, dass dieser Meister des gesprochenen Wortes an Zungenkrebs erkrankte und daran starb. Doch bevor er wegen der Krankheit 50 Kilogramm abgenommen hatte, hinterließ er, für Kinder und Erwachsene unvergesslich, einen dicken und gewitzten Räuber Hotzenplotz und bleibt für immer unser geliebter Schurke.

„Man ist niemals zu schwer für seine Größe, aber man ist oft zu klein für sein Gewicht."

Gerd Fröbe

„Do you expect me to talk?" – „No, Mr. Bond. I expect you to die!"

Goldfinger

Liebe geht durch den Magen

Herta Keiner

Keiner kennt das Rezept der Liebe!
Ob große Namen oder kleine Leute, Amors Pfeile treffen jeden!

Es war die Zeit der Spar- und Eintopfgerichte in den entbehrungsreichen Jahren des Zweiten Weltkrieges. Die oft erzählte Familienepisode aus dem Hause des Fuhrunternehmers Edmund Herrmann im thüringischen Bergstädtchen Brotterode soll sich in etwa so zugetragen haben: Anfang 1945 stand zwischen der kleinen Herta und ihrem Vater ein Teller mit verführerischen Fleischportionen. Etwas nicht Alltägliches auf dem Tisch der fünfköpfigen Familie. Als Hertas Mutter die großen Augen ihrer einzigen Tochter sah, meinte sie schmunzelnd: „Du musst mal nen Fleischer heiraten, so gern, wie Du Fleisch isst!"

Fünf Jahre später erhielt Gerhard Keiner aus Schwarza von seinem Patenonkel August eine Einladung zum Sportfest in das etwa 35 Kilometer entfernt liegende Brotterode. Der 21-jährige Metzgerssohn hatte keine rechte Lust auf den Wochenendausflug und schob ein zu schlachtendes Schwein als Ausrede vor. Gut gemeinte und nicht ganz uneigennützige Hilfe kam von unerwarteter Seite. Eine Verwandte, die in Brotterode nach einer alten Liebschaft, einem Marinesoldaten, Ausschau halten wollte, schickte prompt ihren Schwager Gerhard zur Unterstützung hinterher. So war das Tagwerk in Schwarza schneller vollbracht und die Reise konnte losgehen. Beim Verlassen des Elternhauses rief Gerhard seiner Mutter noch keck zu: „Merk dir's, ich schaff' mir da oben eine an!" Worauf diese in aller mütterlichen Strenge entgegnete: „Das sollst du dir nur wagen!" Und er wagte es! In Brotterode lernten sich Gerhard und Herta kennen und lieben. Amors Wille war es, dass Hertas beste Freundin in der gleichen Straße wohnte und die Tochter des Patenonkels war. Nach dem Aufflammen der Liebe führten beide eine Fernbeziehung mit kleinen gemeinsamen Zeitfenstern, die mit Ausflügen zum nahe gelegen Inselsberg oder zu den Kirmestagen gefüllt waren. Dazwischen lagen Tage voller Arbeit, die bedeuteten, dass man sich manchmal drei bis vier Wochen nicht sah. Öfter schwang sich der Metzger sonntags auf seinen Drahtesel und radelte zur benachbarten Bahnstation. Die Bahnleute kannten den Verliebten und übten Nachsicht, wenn er in letzter Minute auf den Zug aufsprang. Zum Elternhaus zurück, stellte die Strecke keine Anforderung, es ging vom Rand des Rennsteigs immer bergab.

Nach der Verlobung und mit dem Segen der Eltern heirateten das Mädchen und der Fleischer. Als die Braut sich am 6. Juni 1953 ihr Hochzeitskleid übergestreift hatte, bat ihre bettlägerige Oma: „Herta, geh nur mal her, ich will sehen, wie du aussiehst!" Sie trat an das Bett heran und das gebrechliche Großmütterchen tastete sie mit beiden Händen ausführlich von oben bis unten ab. Mit Tränen in den Augen meinte sie: „So, jetzt weiß ich, wie du aussiehst. Schön siehst'e aus, mein Mädel! Geh heiraten!" – Die alte Dame war blind! –

Trotz der schlechten Nachkriegsjahre wurden zur Hochzeit extra ein Kalb und eine Sau geschlachtet. Herta musste fortan nie wieder auf ihre Fleischration verzichten. Die Ehe wurde mit vier Kindern gesegnet und das gemeinsam geführte Fleischergeschäft bestimmte das tägliche Leben. Die Diamantene Hochzeit krönte im Jahr 2013 ein langes, meist glückliches Leben, bevor Herta im Jahr darauf verstarb. Gerhard Keiner war der letzte Fleischermeister mit Ladengeschäft im Ort Schwarza. Geblieben sind ihm die Erinnerungen an jene Zeiten voller Arbeit, Familie und der Liebe seines Lebens, seiner Fleischfachverkäuferin Herta.

Übrigens, Liebe geht auch über den Kopf! Ein Fleischer liebt nicht nur die deftigen und herzhaften Mahlzeiten, sondern braucht zur Abwechslung auch das Süße. Herta war leidenschaftliche Bäckerin und zauberte allwöchentlich die schmackhaftesten Blechkuchen und Tortenkreationen für die Familie und natürlich ihren Gerhard. Eines Tages stand sie wieder einmal in der Küche und rührte in Gedanken versunken einen Teig an, als sich Gerhard, immer zu einem kleinen Späßchen aufgelegt, von hinten anschlich und seine süße Bäckerin in die Seiten pikste. Diese schreckte hoch und drohte lachend, den Teig anderweitig zu verwenden, wenn dies noch einmal geschehe. Es geschah nochmal! Da drehte sich Herta blitzschnell herum und hielt die Teigschüssel über den Kopf des Schelms. Dem entfuhr nur schmunzelnd: „Traust dich ja nicht!"

Womit beide nicht gerechnet hatten war, dass der Teig sich schon selbstständig gemacht hatte und zu laufen begann. Die Schüssel verlor ihr Gleichgewicht und der Inhalt ergoss sich unvermittelt über den Kopf des Metzgers. Dieser schleckte den gerührten Hochgenuss in Zungenreichweite einfach weg, zog seine verdutzte Herta zu sich heran, gab ihr einen Teigschmatz und meinte: „Dafür lieb' ich dich!"

Herta Keiner

Gerhards Lieblingskuchen

Zutaten für den Hefeteig: 50 g Butter, ½ Würfel Hefe, 375 g Mehl, 50 g Zucker, 1 Prise Salz * Zutaten für den Belag: 500 g Magerquark, 2 Eier, 1 EL Mehl, 4 EL Zucker, 1 Päckchen Vanillezucker, 3 EL Schlagsahne, 100 ml Milch, 2 kg Äpfel, Saft von 2 Zitronen * Zutaten für den Guss: 500 g Schmand, 2 Eier, 1 EL Mehl, 100 g Zucker

Zubereitung: Für den Hefeteig Fett schmelzen. Hefe zerbröckeln und in 200 ml lauwarmem Wasser auflösen. Mehl, Zucker und Salz in einer Schüssel mischen. Zerlassenes Fett und aufgelöste Hefe zugießen. Alles zu einem glatten Teig verkneten. Zugedeckt an einem warmem Ort gehen lassen. Für den Belag den Quark in eine Schüssel geben und mit Eiern, Mehl, Zucker, Vanillezucker, Schlagsahne und Milch verrühren. Die Äpfel schälen, in Spalten schneiden, das Kerngehäuse entfernen. Apfelspalten mit Zitronensaft beträufeln. Für den Guss den Schmand mit Eiern, Mehl und Zucker verrühren. Den Teig kräftig durchkneten, auf bemehlter Fläche ausrollen und auf ein mit Backpapier ausgelegtes Blech legen. Einen Rand hochziehen, mehrmals mit einer Gabel einstechen. Die Quarkmasse aufstreichen, die Apfelspalten dachziegelartig anordnen und den Guss darüber geben. Im vorgeheizten Backofen bei 200 Grad (Umluft 180 Grad) etwa 45 Minuten backen.

*Eine Frau, die die Sprints ihres Lebens wie auch die
Langstrecke mit Herz und Verstand meistert.*

Als dreizehnjähriges Mädchen vom Dorf in die Stadt, weit weg von zu Hause, mit einem Köfferchen einfacher Kleidung nebst einem Sonntagskleid und den nötigsten Utensilien! Das war nicht einfach. Doch das Kind hatte Mut und den Drang, Sport zu treiben. Bis jetzt fuhr sie zweimal pro Woche mit dem vom Vater selbstgebauten Fahrrad 7 Kilometer nach Torgau zum Training und danach abgekämpft auch wieder zurück in ihr Heimatdorf Süptitz. Sie trainierte Mittelstreckenlauf und hatte trotz der Anstrengungen einfach Spaß dabei. Zu Wettkämpfen fuhr sie ihr Vater mit dem Motorrad. Weil sie auch fürs Fahrrad absolut fit war, brachte er die sportbegeisterte Renate zu einem Radrennen nach Torgau. Dort wurde Renate Meißner Vizebezirksmeister der Jugend im Radfahren. Nach einer Sichtung der Sportschulkader kam sie mit dem Schwerpunkt Leichtathletik zur Sportschule in Bad Blankenburg. Training, Schule und dann noch Heimweh, das war viel für den Anfang. So oft es ging nahm sie die zeitaufwändige Fahrt nach Hause auf sich. Doch das gab sich nach und nach.

Von Jungs wusste sie bis dahin nur, dass man wahrscheinlich vom Küssen Kinder bekommen kann. Erst als einige Knaben in den Mädchenduschen ihre frechen Späße machten, ahnte sie, dass da wohl doch mehr sein müsste. Ein Junge, ein gewisser Gerd Stecher, fiel ihr auf. Eine nähere Bekanntschaft gab es damals noch nicht, sondern rein freundschaftliche Begegnungen wie mit allen Mitschülerinnen und Mitschülern. Der Sport dominierte. Nach dem Abitur wechselte ihre Trainingsgruppe zum SC Motor Jena. Dorthin kam zur gleichen Zeit auch dieser Gerd und wohnte sogar im gleichen Internat. Er hatte ein Auge auf Renate geworfen und zeigte es ihr unmissverständlich. Sie stellte fest, dass er klasse aussah und eine Superfigur hatte. Seine souveräne Besonnenheit wirkte begehrenswert und männlich auf sie. Und ehe sie sich versahen, waren sie verliebt. Während Renate Meißner sich auf die 100 Meter und 200 Meter Sprints spezialisierte, startete Gerd Stecher über die 400

Meter Hürden. Die erfahrenen Trainer aus Bad Blankenburg lenkten auch in Jena die Entwicklung der jungen Athleten. Heute blickt Renate Stecher immer noch gern auf den kameradschaftlichen Zusammenhalt und die schönen Jugenderlebnisse dieser Zeit zurück und trifft sich regelmäßig mit Sportfreunden von damals.

Gerd und Renate heirateten 1970 im Torgauer Rathaus. Nach der Zeremonie trug der frischgebackene Ehemann seine junge Frau unter anfeuerndem Beifall der Hochzeitsgäste über Hürden. Gefeiert wurde zu Hause in Süptitz. Mit Hochrufen und guten Wünschen wurde das Paar von Nachbarn, Freunden und Weggefährten empfangen. Die Kinder des Dorfes hatten sich versammelt und stürzten sich begeistert auf die nach alter Tradition in die Menge geworfenen Geldstücke. Eine Köchin sorgte für das leibliche Wohl der Gäste. An die schöne und gemütliche Feier denkt Renate Stecher gern zurück. Nur die Hochzeitsnacht war zu kurz, da Gerd schon am nächsten Morgen nach Kienbaum zu einem Lehrgang reisen musste. Sie bezogen eine Neubauwohnung in Lobeda und genossen ihr junges Liebesleben. Gerd begleitete seine Renate zu vielen Wettkämpfen.

Drei aus der Trainingsgruppe fuhren 1972 zur Olympiade nach München. Renate war dabei und freute sich auf die olympische Atmosphäre und die Wettkämpfe mit der Weltelite. Mit zweimal Gold und einmal Silber kehrte sie zurück. Das erzeugte einen extra Motivationsschub. Sie hatte das Ziel, bis zur Olympiade 1976 in Montreal aktiv und unter den Besten zu sein. Damit ging jedoch auch eine größere psychische Belastung einher, denn der Ehrgeiz zu siegen, wurde anstrengender. Eine mentale Stärke half ihr immer: Sie konnte am Start auf den Punkt ihre volle Konzentration abrufen.

In Ostrawa gelang ihr 1973 der legendäre Weltrekord, als erste Frau die 100 m unter 11 Sekunden zu laufen. Dieser Rekord gehört ihr für immer und ewig.

In den Jahren 1969 bis 1976 avancierte sie zum Weltstar unter den Sprinterinnen, erlief 17 Weltrekorde, errang sechs olympische Medaillen, zahlreiche deutsche Rekorde und Europarekorde und wurde mit hohen Auszeichnungen dekoriert. Ihren Abschlusswettkampf bestritt Renate Stecher auf Einladung der polnischen Sprinterin und Olympiasiegerin Irena Szewinska 1976 in Warschau. Gemeinsam mit ihrem Mann erlebte sie ein herrliches Fest mit einer Riesenabschlussfete im Kulturpalast. Aber auch die Übernachtung auf der Heimreise in einem Hotel nahe der Grenze ist ihr unvergesslich geblieben. Auf allen Gängen waren Mausefallen aufgestellt. Teilweise lagen darin noch die zur Strecke gebrachten toten Nager. In ihrem Zimmer fanden sie neben dem Nachttisch auch eine Falle, die ihren Zweck bereits erfüllt hatte. Gerd besorgte ein neues Zimmer mit einer leeren Mausefalle, doch die Schuhe stellten sie sicherheitshalber auf den Schrank. Die Weiterfahrt nach Hause war dann auch nicht ungetrübt, da die ungewohnt fetten Krakauer Würste Wirkung zeigten.

Bei all dem Starrummel um ihre Person blieb sie mit beiden Beinen auf dem Boden. Dafür sorgte schon der Familienalltag. Ihr Ehemann, der nicht auf derartige internationale Erfolge blicken konnte, stand ihr fest zur Seite, als sie beide studierten und drei Töchter zur Welt kamen. Nach dem Studium arbeitete Renate Stecher

*„Für Gerd war Renate das Beste, was ihm je passiert ist ...
Er liebte diese schöne Frau einfach bedingungslos."*

als Lehrerin im Hochschuldienst an der Friedrich-Schiller-Universität in Jena und Gerd Stecher als Trainer beim SC Motor Jena. Er war viel unterwegs. Nicht ohne Reibungsverluste, doch gemeinsam gelang es ihnen, die Familie und die beruflichen Verpflichtungen unter einen Hut zu bringen. Sie suchten und fanden immer wieder Zeit, mit ihren Kindern und zusammen mit Freunden erlebnisreiche Urlaube zu verbringen. Die Zeiten der Zweisamkeit waren für die Eheleute Stecher knapp bemessen. Doch manchmal erboten sich Mitglieder aus Gerds Jugendtrainingsgruppe zur Kinderbetreuung. Die Töchter fanden das prima und schlugen dabei heimlich über manche Stränge, während die Eltern sich auf ihre Liebe besinnen konnten. Renate genoss es, Gerd nicht nur als liebevollen Familienvater zu erleben, sondern auch als begehrenswerten Partner. Mit seinem trockenen Humor konnte er sie immer aufheitern, und auch für seine Zuverlässigkeit liebte sie ihn. Nur als Beifahrer im Auto, da war er „unausstehlich". Ach ja, und beim Basketball, das sie regelmäßig mit Freunden spielten, kannte sein Ehrgeiz keine Verwandten.

Für Gerd war Renate das Beste, was ihm je passiert ist. Er bewunderte diese emotionale Spontaneität, die er selbst nicht so ausleben konnte und beneidete sie immer um ihre kreativen und sehr praktischen Einfälle. Er liebte diese schöne Frau einfach bedingungslos.
Ein langgehegter Plan wurde 2011 in die Tat umgesetzt. Sie unternahmen eine Reise nach Australien und Neuseeland. Unvergesslich war aus dem Jahr leider nicht nur dieses große Erlebnis. Es war auch die Zeit, als es Gerd Stecher schon nicht mehr gut ging. Bald war es gewiss, er hatte Krebs. Der Kampf dagegen wurde immer qualvoller für alle Beteiligten. Im Januar 2012 fuhren sie zum letzten Mal gemeinsam mit Familie und Freunden zum Skifahren nach Österreich. Alle bemühten sich um Gerd und unterstützten ihn, wo sie nur konnten. Renate tat alles, um ihrem geliebten Mann das Leiden zu erleichtern. Im Getriebe der medizinischen Maschinerie knirschte es manches Mal. Sie kämpfte wie eine Löwin für ihren schon sehr geschwächten Ehepartner, er selbst konnte es nicht mehr. Der Anblick des dahin siechenden, einst so kraftvollen und sportlichen Mannes brachte Renate an den Rand der Verzweiflung. Doch sie musste stark sein. Für ihn und für ihre Familie blieb sie der feste Halt in dieser Katastrophe, bis Gerd schließlich noch im gleichen Jahr zu Hause im Kreise seiner Lieben erlöst wurde. Renate Stecher tat, was sie in schweren Zeiten immer tat, sie handelte, stürzte sich in Aktivitäten bis zur Erschöpfung und setzte neue Prioritäten. Als Mutter und Oma war sie stets gefordert, und sie begann, zu Hause

umzubauen. Ein Freund hatte ihr eine Werkbank geschenkt. Das war eine gute Idee und kam ihren handwerklichen Ambitionen bei den Umbauplänen zupass. Schon lange hatte ihr Mann im Garten eine Laube gewollt, die sie jedoch immer als überflüssig empfand. Es war ja auch nie Zeit für den Bau, geschweige denn, um ein Gartenhäuschen richtig zu nutzen. Inzwischen gefiel ihr die Idee aber doch, und sie baute die Laube. Wenn er das noch erlebt hätte!

In dieser Zeit des Neuanfangs empfand sie besonders bewusst, wie unersetzlich der Zusammenhalt in der Familie und treue Freundschaften sind.

Ohne Sport geht es auch heute nicht. Regelmäßig betreibt sie Yoga, Karate, Pilates und Basketball mit Sportfreundinnen und -freunden, die sie teilweise seit ihren Anfangsjahren in Jena kennt.

In DDR-Zeiten wurde viel vom Leistungsprinzip schwadroniert, konsequent durchgesetzt wurde es nur im Sport. Da ging es um Meter und Sekunden, und zwar exakt gemessen. Der Begriff Planpräzisierung kam da nicht vor. Den Sportlern wurde alles abverlangt, und sie bekamen viel Wertvolles für Charakter und Leben zurück. Die Liebe zum Sport brachte Renate Stecher auch die Liebe ihres Lebens. Mit guten Gefühlen blickt sie zurück und optimistisch in die Zukunft.

„Sie konnte am Start
auf den Punkt ihre volle
Konzentration abrufen.“

„Die Liebe zum Sport
brachte Renate Stecher auch
die Liebe ihres Lebens.“

LITERATUR *(Auswahl)*

Elisabeth von Thüringen (1207-1231)

Ursula Koch: Elisabeth von Thüringen. Die Kraft der Liebe, Gießen 2008.

Jutta Krauß: Die heilige Elisabeth von Thüringen, Regensburg 2007.

Norbert Ohler: Elisabeth von Thüringen. Fürstin im Dienst der Niedrigsten, Göttingen, Zürich 1984.

Ortrud Reber: Elisabeth von Thüringen. Landgräfin und Heilige. Eine Biografie, München 2009.

Wilfried Warsitzka: Die Thüringer Landgrafen, Jena, Quedlinburg 2002.

Katharina von Bora (1499-1552)

Karin Jäckel: Die Frau des Reformators. Das Leben der Katharina von Bora, Reinbek bei Hamburg 2006.

Ernst Kroker: Katharina von Bora. Martin Luthers Frau. Ein Lebens- und Charakterbild, Berlin 1964.

Asta Scheib: Kinder des Ungehorsams. Die Liebesgeschichte des Martin Luther und der Katharina von Bora, München 2008.

Elisabeth Stiefel: Mein Herr Käthe. Katharina von Boras Leben an der Seite Luthers, Marburg 2008.

Martin Treu: Katharina von Bora, Lutherstadt Wittenberg 1995.

Otto Gräfe

Richard Denner: Jahrbücher zur Geschichte der Stadt Kahla, herausgegeben im Auftrage des Vereins für Geschichte und Altertumskunde, Kahla 1937.

Matthaeus Gundermann: Cählische Chronica, um 1575, in einer Abschrift von Caspar Sagittarius (o.J.).

D. J. Löbe und E. Löbe: Geschichte der Kirchen und Schulen des Herzogthums Sachsen-Altenburg mit besonderer Berücksichtigung der Ortsgeschichte, (3. Band), Altenburg 1891.

Martin Stolzenau: Flucht aus der Heimat nach erniedrigendem Ehebruchs-Prozess. Zum 500. Geburtstag des Theologen und Schriftstellers Stephan Riccius aus Kahla am 25. Dezember, in: Ostthüringer Zeitung (Ausgabe vom 22.12.2012).

Friederike Caroline Neuber (1697-1760)

Friedrich Johann Freiherrn von Reden-Esbeck: Carolina Neuber und ihre Zeitgenossen, Leipzig 1881.

Angelika Mechtel: Die Prinzipalin, Frankfurt am Main 1994.

Herbert Züllchner: Das Wirken von Friederica Carolina Neuberin in Dresden, Dresden 1960.

Friedrich Gottlieb Klopstock (1724-1803)

Meta Klopstock: „Es sind wunderliche Dinger, meine Briefe". Briefwechsel mit Friedrich Gottlieb Klopstock und mit ihren Freunden 1751-1758, München 1980.

Katrin Kohl: Friedrich Gottlieb Klopstock, Stuttgart, Weimar 2000.

Herrmann J. Meyer (Hg.): Klopstock's Oden. Mit Portrait und Biographie, (Meyer's Groschenbibliothek der Deutschen Klassiker, Band 24), Hildburghausen 1850.

Georg Christoph Lichtenberg (1742-1799)

Horst Gravenkamp: Bei näherem Hinsehen. Beobachtungen zu Georg Christoph Lichtenbergs Sudelbüchern, Göttingen 2010.

Franz H. Mautner (Hg.): Lichtenberg. Sudelbücher, Frankfurt am Main 1984.

Heiko Postma: „Als wenn der Blitz einschlüge". Über den Experimental-Denker Georg Christoph Lichtenberg (1742-1799), Hannover 2009.

Johann Wolfgang von Goethe (1749-1832)

Friedemann Bedürftig: Die lieblichste der lieblichsten Gestalten. Ulrike von Levetzow und Goethe, Reinbek bei Hamburg 2004.

Werner Bockholt, Frank Buchholz: Goethes erotische Liebesspeisen. Ein literarisches Kochbuch, Warendorf 1997.

Volker Ebersbach, Andreas Siekmann: Anekdoten über Goethe und Schiller, Weimar 2005.

Dagmar von Gersdorff: Goethes späte Liebe. Die Geschichte der Ulrike von Levetzow, (4. Auflage), Frankfurt am Main, Leipzig 2005.

Ernst Kaufmann: Das ewig Weibliche… Ernstes und Heiteres um Goethes Frauen, Rudolstadt 2011.

Friedrich von Schiller (1759-1805)

Ludwig Bellermann: Schiller, Berlin, Leipzig, Wien 1901.

Ursula Naumann: Schiller, Lotte und Line. Eine klassische Dreiecksgeschichte, Frankfurt am Main, Leipzig 2004.

Rüdiger Safranski: Schiller oder die Erfindung des Deutschen Idealismus, Berlin 2015.

Stadt Rudolstadt (Hg.): Das Schillerhaus in Rudolstadt. Ein Museumsrundgang, Rudolstadt 2009.

Julius Zeitler (Hg.): Deutsche Liebesbriefe aus neun Jahrhunderten, München (o.J.).

August von Kotzebue (1761-1819)

August von Kotzebue: Meine Flucht nach Paris im Winter 1790, Wien 1842.

Ernst Leitzmann: Ein Brief Beethovens an Kotzebue. Sonderdruck von Ernst Leitzmann zum Geburtstag von Ernst Elster, am 26. April 1910.

Caroline Schlegel-Schelling (1763-1809)

Sabine Appel: Caroline Schlegel-Schelling. Das Wagnis der Freiheit, München 2013.

Reinhard Buchwald (Hg.): Carolinens Leben in ihren Bildern, Leipzig 1923.

Gisela Horn: „Mir kann nicht genügen an dieser bedingten Freiheit…". Frauen der Jenaer Romantik,

(2. überarbeitete Auflage), Jena 2013.

Peer Kösling: Die Familie der herrlichen Verbannten. Die Frühromantiker in Jena, Golmsdorf bei Jena [2010].

Brigitte Roßbeck: Zum Trotz glücklich. Caroline Schlegel-Schelling. Biographie, München 2009.

Klaus Schwarz (Hg.): Der romantische Aufbruch. Jena um 1800. Ein Museumsführer, Jena 2009.

Sophie Mereau (1770-1806)

Heinz Amelang (Hg.): Briefwechsel zwischen Clemens Brentano und Sophie Mereau, Potsdam 1939.

Anja Dechant: „Harmonie stiftete unsere Liebe, Phantasie erhob sie zur Begeisterung und Vernunft heiligte sie mit dem Siegel der Wahrheit". Der Briefwechsel zwischen Sophie Mereau und Johann Heinrich Kipp, Frankfurt am Main 1996.

Gisela Horn: Romantische Frauen, Rudolstadt, 1996.

Carl Friedrich Gauß (1777-1855)

Gerd Biegel, Karin Reich: Carl Friedrich Gauß. Genie aus Braunschweig – Professor in Göttingen, Braunschweig 2005.

Kurt-Reinhard Biermann (Hg.): Carl Friedrich Gauß. Der „Fürst der Mathematiker" in Briefen und Gesprächen, Leipzig, Jena, Berlin 1990.

Hermann von Pückler-Muskau (1785-1871)

Cornelia Hobohm (Hg.): Ich kann nicht lachen, wenn ich weinen möchte. Die unveröffentlichten Briefe der E. Marlitt, Wandersleben 1996.

Cornelia Hobohm (Hg.): Die Bestsellerautorin Marlitt. Meine Geisteskinder, Erfurt 2010.

Eckart Kleßmann: Fürst Pückler und die Sklavin Machbuba. Eine west-östliche Liebesgeschichte, Jena 2014.

Heinz Ohff: Der grüne Fürst. Das abenteuerliche Leben des Hermann Pückler-Muskau, München, Berlin 1991.

Anna Eunike Röhrig: Wahre Geschichten um Thüringer Parks, Taucha 2007.

Wilhelmine Herzlieb (1789-1865)

Karl Theodor Gaedertz: Goethes Minchen, Bremen 1887.

Ernst Kaufmann: Goethe in Jena. Anekdoten und Geschichten, Bucha bei Jena 1999.

Ernst Kaufmann: Das ewig Weibliche… Ernstes und Heiteres um Goethes Frauen, Rudolstadt 2011.

Hannelore Lauerwald: Goethes Minchen in Görlitz, Bautzen 2005.

G. H. Wahnes (Hg.): Freundliches Begegnen. Goethe, Minchen Herzlieb und das Frommannsche Haus, (4. Auflage), Stuttgart, Jena 1927.

Ottilie von Goethe (1796-1872)

Heinz Bluhm (Hg.): August von Goethe und Ottilie von Pogwisch. Briefe aus der Verlobungszeit, Weimar 1962.

Jenny von Gerstenbergk: Ottilie von Goethe und ihre Söhne Walther und Wolf. In Briefen und persönlichen

Erinnerungen, Stuttgart 1901.

Ulrich Janetzki (Hg.): Ottilie von Goethe. Goethes Schwiegertochter, Frankfurt am Main, Wien, Berlin 1982.

Carmen Kahn-Wallerstein: Die Frau vom andern Stern. Goethes Schwiegertochter, Bern 1948.

Elisabeth Mangold: Ottilie von Goethe, Köln, Graz 1965.

Franz Liszt (1811-1886)

Fredo Frotscher: Thüringens berühmte Liebespaare, Taucha 2001.

Oliver Hilmes: Liszt. Biographie eines Superstars, München 2011.

Barbara Meier: Franz Liszt, Hamburg 2008.

Michael Stegemann: Franz Liszt. Genie im Abseits, München 2017.

Julius Zeitler (Hg.): Deutsche Liebesbriefe aus neun Jahrhunderten, München (o.J.).

Otto von Bismarck (1815-1898)

Eberhard Kolb: Otto von Bismarck. Eine Biografie, München 2014.

Ulrich Lappenküper, Ulf Morgenstern: Dem Otto sein Leben von Bismarck. Die besten Anekdoten über den Eisernen Kanzler, München 2015.

Heinz Wolter: Otto von Bismarck. Dokumente seines Lebens, Leipzig 1986.

Georg II. von Sachsen-Meiningen (1826-1914)

Alfred Erck, Hannelore Schneider: Georg II. von Sachsen-Meiningen. Ein Leben zwischen ererbter Macht und künstlerischer Freiheit, Zella-Mehlis 1997.

Alfred Erck, Axel Schneider, Hannelore Schneider: Georg II. von Sachsen-Meiningen. Ein Leben in Bildern, Meiningen 2014.

Inge Grohmann (Hg.): Skandal und Liebe. Herzog Georg II. von Sachsen-Meiningen und die Freifrau von Heldburg. Zitate aus Dokumenten, Briefen und Erinnerungen, Norderstedt 2012.

Freifrau von Heldburg (Ellen Franz): Fünfzig Jahre Glück und Leid. Ein Leben in Briefen aus den Jahren 1873-1923, (4. Auflage), Leipzig 1926.

Christian Hill, Barbara Kösling: Mahlzeit! Berühmte Thüringer bitten zu Tisch, Jena, Quedlinburg 2014.

Friedrich Nietzsche (1844-1900)

Horst Althaus: Friedrich Nietzsche. Das Leben eines Genies im 19. Jahrhundert, Frankfurt am Main, Berlin 1993.

Ralf Eichberg: Friedrich Nietzsche in Mitteldeutschland. Herkunft und späte Rückkehr, Halle 1994.

Frank Lisson: Friedrich Nietzsche, München 2004.

Richard M. Meyer: Nietzsche. Sein Leben und seine Werke, München 1913.

Friedrich Würzbach: Nietzsche. Sein Leben in Selbstzeugnissen, Briefen und Berichten, Berlin 1942.

Otto Schott (1851-1935)

Briefwechsel zwischen Otto Schott und seiner Frau Käthe, Schott Archiv Jena, BO 84/01

Dieter Kappler, Jürgen Steiner: Schott 1884-2009. Vom Glaslabor zum Technologiekonzern, Mainz 2009.

Barbara Kösling: Jenaer Glas, in: Trödler Kompakt (2005), Nr. 11/2005, S. 28-35.

Ricarda Huch (1864-1947)

Anne Gabrisch: In den Abgrund werf ich meine Seele. Die Liebesgeschichte von Ricarda und Richard Huch, Zürich 2000.

Ricarda Huch: Mein Herz, mein Löwe. Schriften und Briefe ausgewählt und eingeleitet von Katrin Lemke, Weimar 2015.

Cordula Koepcke: Ricarda Huch. Ihr Leben und ihr Werk, Frankfurt am Main, Leipzig 1996.

Katrin Lemke: Ricarda Huch. Die Summe des Ganzen, Weimar 2014.

Stefanie Viereck: So weit die Welt geht. Ricarda Huch. Geschichte eines Lebens, Hamburg 1990.

Eugen Diederichs (1867-1930)

Uwe Dathe: Material zu Max Schelers Leben und Werk in der Thüringer Universitäts- und Landesbibliothek Jena, in: Mitteilungen der ThULB Jena, Jahrgang 7, Heft 3, Jena 1997, S. 1-18.

Eugen Diederichs: Lebensaufbau (unveröffentlichte autobiografische Aufzeichnungen), Deutsches Literaturarchiv Marbach, HS.1995.0002, HS.1995.0002.

Katrin Lemke: Szenen einer Ehe. Eugen Diederichs und Helene Voigt-Diederichs, in: Teresa Thieme (Hg.): Spielräume. Kindheit zwischen Norm und Reform, Jena 2016, S. 100-117.

Justus H. Ulbricht, Meike G. Werner (Hg.): Romantik, Revolution und Reform. Der Eugen Diederichs Verlag im Epochenkontext 1900-1949, Göttingen 1999.

Walter Gropius (1883-1969)

Karin Feuerstein-Praßer: Die Frauen der Dichter. Leben und Lieben an der Seite der Genies. 12 Porträts, München, Berlin 2015.

Siegfried Giedion: Walter Gropius. Mensch und Werk, Stuttgart 1954.

Reginald R. Isaacs: Walter Gropius. Der Mensch und sein Werk, (Band 1, Band 2/I, Band 2/II), Frankfurt am Main, Berlin, Wien 1985/1986.

Alma Mahler-Werfel: Mein Leben, (43. Auflage), Frankfurt am Main 1982.

Gábor Preisich: Walter Gropius, Berlin (Ost) 1982.

Otto Dix (1891-1969)

Nina Simone Schepowski: Otto Dix – eine biografische Skizze, Hamburg 2007.

Hans Fallada (1893-1947)

Tom Crepon: Leben und Tode des Hans Fallada, Halle, Leipzig 1978.

Sabine Lang (Hg.): Hans Fallada. Der Schmortopf ist ganz überflüssig. Geschichten und Rezepte, Berlin 2001.

Jürgen Manthey: Hans Fallada mit Selbstzeugnissen und Bilddokumenten, (12. Auflage), Hamburg 2002.

Roland Ulrich, Gunnar Müller-Waldeck (Hg.): Hans Fallada. Sein Leben in Bildern und Briefen, Berlin 1997.

Peter Walther: Hans Fallada. Die Biographie, (2. Auflage), Berlin 2017.

Kurt Weill (1900-1950)

Kim H. Kowalke, Lys Symonette (Hg.): Sprich leise, wenn du Liebe sagst.

Der Briefwechsel Kurt Weill - Lotte Lenya, Köln 1998.

Jürgen Schebera: Kurt Weill. Eine Biographie in Texten, Bildern und Dokumenten, Leipzig 1990.

Marlene Dietrich (1901-1992)

Maria Riva: Meine Mutter Marlene, München 1992.

Gert Fröbe (1913-1988)

Michael Strauven: Jedermanns Lieblingsschurke. Gert Fröbe. Eine Biografie, Berlin 2012.

Jerzy Toeplitz: Geschichte des Films, (Band 5 1945-1953), Berlin 1991.

Herta Keiner (1932-2014)

persönliches Interview von Christian Hill mit Gerhard Keiner, April 2017

Renate Stecher (geb. 1950)

persönliches Interview von Barbara Kösling mit Renate Stecher, Juli 2017

INHALTSVERZEICHNIS

DANKSAGUNG

Dieses Buch wäre nicht ohne vielfache Hilfe entstanden, wofür an dieser Stelle auch den nicht namentlich Genannten Dank gesagt sein soll.

Christian Hill dankt ausdrücklich den hilfsbereiten Mitarbeitern der Thüringer Universitäts- und Landesbibliothek, seinen Kollegen der Städtischen Museen Jena für ihre wertvollen Hinweise, seinem Großvater Gerhard Keiner für sein liebevolles Erinnern, Ulrike Ellguth-Malakhov und Victor Malakhov für die gelungene Abwechslung beim Tischtennisspiel, Thomas und Carolin Spreda für die sommerliche Pausenversorgung und förderlichen Gespräche und nicht zuletzt André Jannasch für berechtigte Einwände und geduldiges Schweigen.

Barbara Kösling dankt ganz herzlich Thomas Kemme vom Deutschen Literaturarchiv Marbach und Judith Hanft vom Schott Unternehmensarchiv in Jena für die gute Unterstützung, Klaus Schwarz vom Romantikerhaus in Jena für Beratung und Literaturleihgaben, der Autorin Katrin Lemke und der Galerie Remmert und Barth in Düsseldorf für die Vermittlung von Fotografien. Renate Stecher bin ich dankbar für ihr Vertrauen, die ausführlichen Gespräche und die Bereitstellung privater Bilder. Besonderer Dank gebührt meinem Mann Peer für wertvolle Ratschläge, Korrekturlesen und seine unendliche Geduld.

Die Autoren danken ganz herzlich dem Verlag Bussert & Stadeler, namentlich Dr. Frank Bussert, der das Werk mit Kritik und Herzblut zum Gelingen gebracht hat. Besonderer Dank geht an Luise Bussert. Ihre künstlerische Gestaltung verleiht unseren Liebesgeschichten ein magisches Leuchten.

BILDNACHWEIS